हिन्दनामा

एक महादेश की गाथा

हिन्दनामा

एक महादेश की गाथा

कृष्ण कल्पित

राजकमल प्रकाशन

ISBN : 978-93-89577-07-5

मूल्य : ₹895

पहला संस्करण : 2019

प्रकाशक : राजकमल प्रकाशन प्रा. लि.
1-बी, नेताजी सुभाष मार्ग, दरियागंज
नई दिल्ली-110 002
द्वारा प्रकाशित

शाखाएँ : अशोक राजपथ, साइंस कॉलेज के सामने, पटना-800 006
पहली मंजिल, दरबारी बिल्डिंग, महात्मा गांधी मार्ग, इलाहाबाद-211 001
36 ए, शेक्सपियर सरणी, कोलकाता-700 017

वेबसाइट : www.rajkamalprakashan.com
ई-मेल : info@rajkamalprakashan.com

मुद्रक : यश प्रिंटोग्राफिक्स
नोएडा-201 301 (उत्तर प्रदेश)

HINDNAMA : EK MAHADESH KI GATHA
Poetry by Krishna Kalpit

दिल्ली-दयार के लिए

बसे रंज बुर्दम दरीं साल सी
अजम ज़िन्दा कर्दम बरीं पारसी!

[इन तीस सालों में मैंने बहुत तक़लीफ़ें उठाईं लेकिन मैंने फ़ारस को ज़िन्दा कर दिया!]

हर आन कस की दारद हूश य राइ ब दीन
पस अज़ मर्ग बर मन कुनद अफ़रीन!

[जो भी साहित्य का पारखी होगा वह मेरे मरने के बाद भी मेरे काव्य की प्रशंसा करेगा!]

भूमिका

यह किताब न हाली की 'मुसद्दस' है, न मैथिलीशरण गुप्त की 'भारत-भारती'। न यह बंकिमचन्द्र चट्टोपाध्याय की 'आनन्दमठ' है, न जवाहरलाल नेहरू की 'भारत एक खोज'। न यह वी.एस. नायपॉल का 'अँधेरे का इलाका' है, और न यह अमर्त्य सेन का 'तर्कशील भारत', न यह दिनकर की 'संस्कृति के चार अध्याय' है और न ही यह गांधी की 'हिन्द स्वराज' है।

'हिन्दनामा' एक कवि की किताब है, जिसमें कवि का देश दिखाई पड़ता है। एक कवि का पढ़ा हुआ, लिखा हुआ, सुना हुआ, जाना हुआ और पूरी तरह आत्मसात किया हुआ। 'हिन्दनामा' मूलत: एक कवि का कार्यभार था—जहाँ क़िस्से-कहानियाँ, इतिहास, भूगोल, कल्पना-स्मृति-यथार्थ, जादू-टोना, तंतर-मंतर सब अपनी ज़रूरी आवाजाही करते हैं। इसे दास्ताने-हिन्द कह सकते हैं या इसे कुल्लियाते-हिन्द भी कहा जा सकता है।

आलोचकों का काम कुछ आसान करते हुए यह स्पष्ट कर दूँ कि 'हिन्दनामा' फ़ारसी के महाकवि फ़िरदौसी के अमर महाकाव्य 'शाहनामा' से प्रेरित है। प्रेरित इस मायने में कि यह बात सोचकर ही रोमांच होता है कि कोई कवि अपने जीवन भर अपने देश पर कविता लिखता रहा।

महमूद ग़ज़नवी ने फ़िरदौसी को यह कार्य सौंपा था। हर पंक्ति/शे'र पर एक दीनार (स्वर्ण मुद्रा) देने का वायदा किया गया। लेकिन जब 60 हज़ार शे'रों का 'शाहनामा' पूर्ण हुआ तो महमूद ग़ज़नवी ने फ़िरदौसी को दीनार के बजाय दिरहम (रजत मुद्रा) देने चाहे। फ़िरदौसी नाराज़ हो गया—दिरहमों को ठोकर मारकर चला आया। फ़िरदौसी ने कहा—'ग़ुलाम वंश का आदमी ग़ुलाम ही रहता है, चाहे वह शहंशाह बन जाए'। बदनामी से बचने के लिए महमूद ग़ज़नवी ने फ़िरदौसी के पास दीनार भिजवाए। लेकिन जब स्वर्ण-मुद्राओं से लदे घोड़े फ़िरदौसी के गाँव पहुँचे तो फ़िरदौसी को दफ़नाया जा रहा था।

'शाहनामा' ईरान का राष्ट्रीय काव्य है जिसकी तुलना सिर्फ़ 'महाभारत' से की जा सकती है। 'शाहनामा' ईरान का गौरव-गान है।

'हिन्दनामा' प्राथमिक तौर पर 'शाहनामा' से प्रेरित होने के बावजूद एक अलग

कृति है। इसे लिखने का काम किसी महमूद ग़ज़नवी ने कवि को नहीं सौंपा, और न यह कृति हिन्दुस्तान का गौरव-गान है। 'हिन्दनामा' भी 'शाहनामा' की तरह मसनवी शैली में, जिसे हिन्दी में चम्पू काव्य कहते हैं, लिखा गया है।

'हिन्दनामा' एक महादेश की गाथा उसी तरह है जिस तरह प्रेमचन्द का 'गोदान' भारतीय किसान जीवन की गाथा है। 'हिन्दनामा' न इतिहास है न काल्पनिक उपन्यास। 'हिन्दनामा' एक धूल भरा दर्पण है जिसमें हमारे देश की बहुत सी धूमिल और चमकदार छवियाँ दिखाई देती हैं।

'हिन्दनामा' दरअसल हिन्दुस्तान के बारे में एक दीर्घ कविता है जिसमें कोई कालक्रम नहीं है। सब कुछ स्मृतियों की तरह गड्डमड्ड है, जहाँ प्राचीन और अर्वाचीन इस तरह मिलते हैं जैसे किसी नदी के घाट पर शेर और बकरी एक साथ अपनी प्यास बुझा रहे हों। इसकी कोई बिबलियोग्राफ़ी नहीं है—यह कबीर के करघे पर बुनी हुई एक रंगीन चादर है, जो शताब्दियों से शताब्दियों तक तनी हुई है।

'हिन्दनामा' तीन बरस की कड़ी मेहनत से तैयार हुई कृति है, जिसमें ज्ञान के विभिन्न स्त्रोतों का प्रयोग किया गया है। हिन्द देश की कहानी कभी ख़त्म नहीं होती है—वह चलती जाती है, चलती जाएगी।

उग्र राष्ट्रवाद के इस वैश्विक दौर में अपने राष्ट्र को जानने की कोशिश निश्चय ही जोखिम का काम है, और यह कहने की शायद कोई ज़रूरत नहीं कि 'हिन्दनामा' हिन्दूनामा नहीं है। हिन्दुस्तान का इंद्रधनुष, सात रंगों से मिलकर बना है।

यह मेरे लिए प्रसन्नता की बात है कि 'हिन्दनामा' पर हिन्दी के शीर्ष राजकमल प्रकाशन के अशोक महेश्वरी और सम्पादक सत्यानन्द निरुपम की नज़र पड़ी। अब यह किताब पाठकों के हवाले है।

हर्फ़े-नामंज़ूरे-दिल यक हर्फ़ हम बेशस्त-व-बस,
मानिय-दिलख्वाह गर नुस्ख़ा बाशद, हम कमस्त!

[दिल को नामंज़ूर हो तो एक हर्फ़ ही काफ़ी है, और पसन्द हो तो सौ किताबें भी कम हैं!]

जयपुर
30 अक्टूबर, 2019

—कृष्ण कल्पित

1

फ़िरदौसी ने लिखा था शाहनामा
मैं लिखता हूँ हिन्दनामा
मेरे लिए भी कोई सज़ा मुक़र्रर रखना
कोई कारागार तैयार
नीम और अश्वत्थ के दरख़्तों से घिरा हुआ कारागार!

2

यमुना जो एक नदी थी
आज है भिखारन
मैली-कुचैली तार-तार-वस्त्र
कल लोहे के पुल से गुज़रते हुए
मैंने भी डाला एक सिक्का
उसके कटोरे में!

3

इस दरिया से उस दरिया तक
इस सहरा से उस सहरा तक
फैला हुआ था हिन्दुस्तान
ईरान हमारा पड़ोस था
बगदाद हमारे सपनों का नगर
फ़ारसी जैसे हमारी ज़बान थी!

4

धर्म हो या नहीं
पर अधर्म न हो
रौशनी हो या न हो
अंधेरा न हो
प्यार हो या नहीं
नफ़रत नहीं हो
न्याय हो या नहीं
अन्याय न हो
यह आर्यावर्त की नई प्रार्थना थी
नयी आयत नयी ऋचा नया राष्ट्र-गीत
नया आर्तनाद!

5

मुसलमान आए तलवार लेकर
यहूदी आए बाज़ार लेकर
क्रिस्तान आए चमत्कार लेकर
लेकिन इस महादेश में
पौराणिक काल से ही
बन्दर समुद्र लाँघते रहे हैं!

6

हम हिन्दू नहीं थे
उन्होंने हमें हिन्दू कहा
हिन्दू कोई धर्म नहीं है
यह एक स्थान-वाचक संज्ञा है
जन्म-भूमि ही हमारा धर्म है!

7

कभी हम नदियों के लिए लड़े
राज्य और भूमि के लिए किए युद्ध
स्वर्ण और स्त्री के लिए हमने बहाया ख़ून
उत्तर से दक्षिण
पूर्व से पश्चिम
इस भूमि का कण-कण हमारे रक्त से सिंचित है!

8

शक आए कुषाण आए हूण आए यवन आए
क़ातिल आए
लुटेरे आए
फ़क़ीर आए
दरवेश आए
कोई जल-मार्ग से आया
कोई थल-मार्ग से
इस द्वार से कोई निराश नहीं लौटा
कोई नहीं लौटा
यहाँ से ख़ाली हाथ!

9

अधिकतर तो यहीं पर बस गए
जो आए थे तलवारें चमकाते
अरबी घोड़ों पर सवार
दर्रों घाटियों मैदानों पहाड़ों नदियों रेगिस्तानों और जंगलों को पार करते हुए
गए नहीं वापस
हिन्द की मिट्टी रास आई उनको
अंतत: यहीं पर हुए सुपुर्द-ए-ख़ाक!

10

सुबह-ए-बनारस थी
शाम-ए-अवध थी
साँय-साँय करती शब-ए-सहरा थी
और इस देश की दोपहरें
पसीने और ख़ून से लथपथ
और कोलतार की तरह पिघली हुई थीं!

11

विंध्य और हिमालय के मध्य स्थित देश को
आर्यावर्त कहा जाता था
जिसे पुण्यभूमि भी कहा गया
शरावती नदी के पूर्व और दक्षिण में स्थित यह देश भारतवर्ष कहलाया
जो सम्पूर्ण जम्बूद्वीप का नवमांश है

भू भूमि अचला अनन्ता रसा विश्वम्भरा स्थिरा धरा धरित्री थरणी क्षोणि ज्या काश्यपी क्षिति सर्वसहा वसुमती वसुधा उर्वी वसुंधरा गोत्रा कु: पृथिवी पृथ्वी क्षमा अवनि मेदिनी और मही

हम इस पृथ्वी को 27 नामों से पुकारते थे
विपुला गह्वरी धात्री गौ: इला कुम्भिनी भूतधात्री रत्नगर्भा जगती सागराम्बरा
भी इसी पृथ्वी के नाम हैं
पर प्रक्षिप्त
इस महादेश में अन्न और शब्दों की कभी कमी नहीं रही!

12

कोई मगध का था
कोई श्रावस्ती कोई अवन्ती
कोई मरकत-द्वीप का था
कोई आया उज्जयिनी से
कोई पाटलिपुत्र कोई अंग-देश
कोई दूर समरकंद से आया
कोई नहीं था भारत का
कोई नहीं आया भारत से
भारत कल्पना में एक देश था
एक मुसव्विर का ख़्वाब
एक कवि की कल्पना
किसी ध्रुपद-गायक की नाभि से उठा दीर्घ-आलाप
मैं एक काल्पनिक देश की
काल्पनिक कहानी लिखता हूँ!

13

कितने जलाशय थे कितने जलाधार
कुछ तो अथाह जल वाले ह्रद:
आहाव: और निपानम् नामक हौज़ थे
अंधु: प्रहि: कूप: उद्पानम् नामक कुएँ थे जिनके जगत को हम वीनाह: कहते थे और जिस रस्सी से पानी निकालते थे उस यन्त्र या गडारी को नेमि: या त्रिका कहा जाता था
पुष्करिणी और खातम् जैसे छोटे-छोटे पोखर थे और जो पोखर देवालय के समीप होते थे उन्हें अखातम् देवखातकम् कहते थे और जिन अगाध जलाशयों में कमल खिलते थे वे पद्माकर और तड़ाग थे
वैशंत: पल्लवम् अल्पसर जैसे पानी के गढ़े क़दम-क़दम पर थे
वापी और दीर्घिका जैसी बावलियाँ थीं
पानी को बाँधने के आधार थे
असंख्य नदियाँ थीं और नदियों को भी हम नदी सरित: तरंगिणी शैवलिनी तटिनी ह्रदनी धुनी स्रोतवती द्वीपवती स्रवंती निम्नगा आपगा जैसे कई नामों से पुकारते थे
गंगा यमुना नर्मदा सतलज देविका सरयू विपाशा शरावती वेत्रवती चन्द्रभागा सरस्वती कावेरी गोदावरी जैसी अनगिन नदियाँ थीं और उनके अनगिन नाम थे
इस महादेश में असंख्य जलस्रोत थे!

14

भारत एक खोया हुआ देश है
सबको अपना-अपना
भारत खोजना पड़ता है
मैं भी इस भू-भाग पर भटकता हुआ
अपना भारत खोज रहा हूँ!

15

जब वे काबुल तक में पाए जाते थे
तो भारत-वर्ष में क्यों नहीं पाए जाते
वे पाए जाते थे मौज में थे और बादाम जैसी महँगी गिरी खा रहे थे
गधे ख़ुश थे कि उनमें और घोड़ों में फ़र्क़ मिटता जा रहा था
सिर्फ़ धोबी के गधे इस बात से दुखी थे कि वे
न घर के थे न घाट के
इस प्राचीन देश में गधों को
चक्रीवान वालेय: राभस: गर्दभ: खर: जैसे
मोहक नामों से पुकारा जाता था
इस महादेश में गधों की कभी कोई कमी नहीं रही
लेकिन मुल्ला नसरुद्दीन एक भी नहीं था!

16

नडवान्
कुमुद्वान्
वेतस्वान्
और सिकतावान् होने के बावजूद
भारतदेश एक किंवदन्ती का नाम था
एक जनश्रुति भर
जो सुनाई तो पड़ता था
लेकिन दिखाई नहीं देता था!

17

इस महादेश में कुलक रहते थे
मिट्टी के बर्तन बनाने वाले कुम्भकार
शाक-सब्ज़ी और फूल उगाने वाले मालाकार
घरों में चूना लगाने वाले पलगण्ड
कपड़ा बुनने वाले तंतुवाय जुलाहे
कपड़ा सिलने वाले तुन्नवाय दर्ज़ी
कपड़े रँगने वाले रंगरेज़
शस्त्रों पर सान चढ़ाने वाले शस्त्रमार्ज
जूता बनाने वाले चर्मकार
लोहा गलाने वाले लोहार
सोने को तराशने वाले सुनार
चूड़ी बनाने वाले शांखिक चूड़ीहार
ताम्बे के बर्तन बनाने वाले शौलविक
तक्षक वर्धकि त्वष्टा रथकार बढ़ई
अंतावसाई नापित नाई
कपड़े धोने वाले रजक धोबी
मदिरा बनाने वाले शौण्डिक
जावाल आजीवक गड़रिये
देवाजीवी देवल पण्डा पुजारी
जादू दिखाने वाले मायाकार जादूगर
शैलाली भरत शैलूष नट
स्तुति गाने वाले चारण बंदी
मृदंग बजाने वाले मार्दंगिक
वंशी मुरली बजाने वाले वैणिक
जीवांतक शाकुनिक बहेलिये
मछली का शिकार करने वाले जालिक

मांस बेचने वाले वधिक मांसिक
सन्देश वाहक कांवरिये
भार ढोने वाले भारवाह रहते थे
ये सब शूद्र वर्ग के थे
जिनके बिना भारतदेश की कल्पना भी सम्भव नहीं
यह महादेश शूद्रों की निर्मिति है!

18

गुणमति से
शास्त्रार्थ में पराजय से अपमानित
मरणासन्न माधव गुप्त ने
अपनी स्त्री सुरमति से कहा—
—तुम बुद्धिमती हो
मेरी अप्रतिष्ठा को भूल मत जाना
पति-मृत्यु से आहत सुरमति
जब शास्त्रार्थ के लिए पहुँची तो
गुणमति ने यह हिंसक वाक्य कहा—
—जिसने तुम्हें विकल किया
उसे मैं विकल कर चुका हूँ
यह सुनकर बिना शास्त्रार्थ किए ही
सुरमति लौट गई
इस महादेश में
जितने भी शास्त्रार्थ थे
रक्त-रंजित थे!

19

तब मनोर्हित ने
अग्नि और धुएँ का प्रश्न उठाया
इस पर सब चिल्ला उठे
कि यह पद-योजना अशुद्ध है
धुएँ के बाद अग्नि होनी चाहिए
मनोर्हित ने कुछ कहना चाहा
पर सुनवाई नहीं हुई
तब मनोर्हित ने खिन्न होकर
अपने शिष्य को कहा—
—यहाँ न्याय नहीं है
अज्ञान का निवास है
और मर गया
ऐसे-ऐसे बर्बर शास्त्रार्थ
इस भूमि पर हुए हैं
इस महादेश में
विद्वान-वधिकों की
एक लम्बी परम्परा चली आती है!

20

जिसके उत्तुंग शिखरों पर
हमारा ठिकाना था
वह हिमालय
इस पृथ्वी को नापने का पैमाना था
इस महादेश में
ऐसा भी एक ज़माना था!

21

यह महादेश
शताब्दियों से जलता हुआ
एक पुस्तकालय है
एक विशाल मणिकर्णिका-घाट
एक अखण्ड-धूणा
जिसकी राख
दसों दिशाओं में उड़ती रहती है!

22

इस पवित्र-भूमि पर
पग-पग पर छाया थी
डग-डग पर रोटी
पग-पग पर नीर
क़दम-क़दम पर पूजा-स्थल थे
और क़दम-क़दम पर
वध-स्थल!

23

अँगरखा अंतरीय अर्द्धारुका उपवीत उत्तरासंग उत्तरीय उष्णीश कंचुक
कंबल कच्छा कलानिका कुरता कुशालक कोशेय घाघरी चलन चादर चोगा
चोलका चोली जांघिया त्रिजबंद पटका भैरनिवसनी मुरज मौली लंगोटी
वल्कल स्तनमसुक समघटी पायजामा सलवार
किंशुक कमखाब केशयक तुलापांसी और सूत से बने
इतने सारे परिधानों के बावज़ूद
यह महादेश निर्वसन था!

24

चंदबरदाई रचित 'पृथ्वीराज रासो' का अविकल पाठ सुनकर बादशाह अकबर ने प्रसन्न होकर कवि गंग को कोटि पसाव दान के साथ कनक, अनगिनत रतन, बीस घोड़े, सहस्र मोहर, चँवर, छत्र, सोने का सोंटा, लाख रुपये, नीलम की माला, हीरा जड़ित दस्ताना, पन्ने की पाग और सिरपेच, हौदे सहित मस्ताना हाथी, तामजाम, सुखपाल, रथ और हैदल-पैदल आदि सवारी के सब सामान दिए।

इस महादेश में कवियों को राजदरबारों में सम्मानित किया जाता था, और कालांतर में उनको हाथी के पैर से कुचलवा या किसी मत्त-गयंद से चिरवा दिया जाता था!

25

देश निकाला
निर्वासन
महाभिनिष्क्रमण
इस महादेश से
मोहब्बत करने वालों के लिए
सख़्त सज़ाएँ थीं
एक मशहूर मुसव्विर
दूर किसी देश में
इस देश को याद करते हुए
तड़प-तड़प कर मर गया!

26

इस महादेश को ख़रीदने
बहुत बार आए
दूर देश के ब्यौपारी
जगत सेठ ने एक-बार
इसे बेचने की कोशिश की थी
जिसका तेग़ से कटा हुआ सिर
मुंगेर स्थित
मीर क़ासिम के क़िले की प्राचीर से
उत्तरवाहिनी गंगा में डाला गया था!

27

अमृत-पान
मद्य-पान
विष-पान
रक्त-पान
इस महादेश में
कई तरह के पेय प्रचलित थे
हर ग्राम-नगर हाट-बाज़ार में पनशालाएँ थीं
देवता-दानव
सुर-असुर सभी ओक से पान करते थे
कालांतर में किसी कुम्भकार ने कोई कूजा बनाया
मिट्टी के सिकोरे का आविष्कार किया!

28

हमने मन्दिर बनाए
मस्जिदें गुरुद्वारे गिरजाघर
हमने बौद्ध-विहार जिनालय
चैत्यों और स्तूपों का निर्माण किया
हमने ही बनाए
हमने ही ढाए
यह दुनिया हमारे आगे
बच्चों के खेलने का मैदान थी!

29

यह महादेश
एक ज्योतिरगिरि था
रौशनी का एक पहाड़
एक कोहनूर
गोदावरी के तल से प्राप्त
इस कोहनूर को
अल्लाउद्दीन दकन से लूट कर लाया था
उससे यह ग्वालियर के विक्रमजीत ने छीना
जिसकी मृत्यु के बाद उसकी संततियों ने
इसे हुमायूँ को भेंट कर दिया
हुमायूँ ने इसे निर्वासन में एहसान के बदले
फ़ारस के शहंशाह तुहमास्प को अर्पित किया
जहाँ से यह अफ़गानिस्तान होते हुए सिख महाराजा रणजीत सिंह के पास पहुँचा
जिसे कालांतर में ब्रितानिया महारानी विक्टोरिया को नज़राने की तरह पेश किया गया
तब से हमारा कोहनूर वहीं क़ैद है
है कोई हनुमान
जो रौशनी के इस परबत को
वापस ला सके इस भारत-भू पर
जिसको उस वक़्त के जौहरियों ने
आधी दुनिया के बराबर कूता था!

30

बाबर इस देश को लूटने आया था
लेकिन हिन्दुस्तान का हुस्न देखकर
ख़ुद लुट गया
बाबरनामा में बाबर लिखता है :
यह कमाल का मुल्क है। एक दूसरी ही दुनिया। हमें तो बात-बात में अचम्भा होता है। जंगल-पहाड़, नदी-नाले, रेगिस्तान, शहर, खेत, जानवर, पेड़-पौधे, लोग, बोलियाँ, बरसातें, हवाएँ सब कुछ और ही है। यहाँ के लोगों की राय-बातें, सोच-समझ, रंग-ढंग, रस्म-रिवाज़ सब कुछ निराला है
और जिस शिवालिक पर्वत-माला को हम शिव की अलकों से और हिमालय के क्षरण से निर्मित मानते हैं, उसको बाबर सवालक-परबत कहता है
यानी सवा-लाख पर्वतों की श्रृंखला।
बाबर आगे लिखता है :
हिन्दुस्तानात इन परबतों के दक्षिण में हैं
एक नहीं
बहुत सारे हिन्दुस्तान!

31

दिल्ली से आगरा जाते बाबर
केवड़े-केतकी-केया की तीखी गन्ध से मदहोश हो गया
लगभग बेहोश-चेतनाशून्य।
बाबरनामा में बाबर ने दर्ज किया :
केवड़े की महक मन मोह लेती है। यह कस्तूरी की तरह है लेकिन शुष्क नहीं। सरस या तर-कस्तूरी कहिए—मुश्केतर। मगर सूरत अजीब-सी है। फूल कोई डेढ़-दो काविश लम्बा पर पत्ते रीढ़ वाले। नये पत्ते कली से सटे रहते हैं। बाहरी पत्ते कँटीले हरे। भीतर नरम और सुफ़ेद। इन्हीं पंखुड़ियों में दिल की तरह एक गुली पला करती है। केवड़े की मोहिनी महक इसी से है
केवड़े की ख़ुशबू से बिंधा हुआ बाबर
फिर हिन्दुस्तान छोड़कर कहीं नहीं गया
इसी भारत-भूमि पर
किसी केवड़े की गन्ध में विलीन हो गया!

32

एक
दश
शत
सहस्त्र
अयुत
लक्ष
प्रयुत
कोटि
अर्बुद
अब्ज़
खर्व
निखर्व
महापद्म
शंकु
इस महादेश की गिनती सुनकर बाबर ने हैरान होकर बाबरनामा में लिखा : हिदुस्तान वालों ने गिनती भी ढंग से ठहराई है : सौ हज़ार का लाख, सौ लाख का करोड़, सौ करोड़ का शंख, सौ शंख का महाशंख। गिनती का इतना ऊँचा जाना इस बात की दलील है कि हिन्दुस्तान में माल बहुत है। यहाँ सोने-चाँदी की भरमार है।
इस अपार धन-दौलत को ले जाना सम्भव नहीं था
बाबर यहीं ठहर गया
सम्पदा से भरपूर
इस ऐश्वर्यशाली महादेश में!

33

रसीदा बूद बलाए वले बख़ैर गुज़श्त!
[विपदा आ चुकी थी लेकिन ख़ैरियत से गुज़र गई]

यह महादेश कितनी सदियों से कितनी आपदाओं, कितने झंझावातों, कितने तूफ़ानों, कितने ख़ून-ख़राबों से बख़ैरियत गुज़रता रहा है।
विपत्ति इस देश की सातवीं ऋतु थी
हमने कभी नहीं कहा कि विपदा न आए
विपदा आए
लेकिन वह कुशलता से गुज़र जाए
यही इस महादेश की प्रार्थना थी!

34

बाबर ने अपने विश्वस्त सहयोगी ख़्वाज़ा कलाँ को काबुल के लिए भारी मन से विदाई दी। लेकिन जाते-जाते ख़्वाजा कलाँ अपने घर की दीवार पर कोयले से लिख गया :

अगर बख़ैरोसलामत गुज़र ज़सिंद कुनम
सियाहरूप शवम गए हवाय-हिन्द कुनम!

[अगर ख़ैरियत से सिंध पार हो गया तो फिर कभी हिन्द की ओर आऊँ तो अपना मुँह काला कराऊँ!]

बाबर गुस्से में भरकर बाबरनामा में लिखता है :

यह कैसी बात? मैं हिन्दुस्तान में हूँ तो इस तरह खिल्ली उड़ाता यह शे'र मेरी शान में गुस्ताख़ी है।

बाबर ने तुरन्त एक रुबाई कही और लिखकर ख़्वाज़ा कलाँ को काबुल भेज दी :

यूज़ शुक्रदी बाबर कि करीमे ग़फ़्फ़ार
बेरदीसंका सिंदोहिन्द मुल्के-बिसियार
ईसीफ़लीगीगा कर संका यूक़ती ताक़त
सावक यूज़नी कूराई दीसांक गज़नीबार!

[बाबर की कृपा समझ कि तुझे सिन्ध और हिन्द नसीब हो सके। अगर यहाँ की गरमी इतनी ही असह्य लगती है तो गज़नी की भीषण हिम-तुषार-मार को याद कर!]

ख़्वाज़ा कलाँ फिर कभी इस मुल्क में
मुँह काला करवाने नहीं आया
बाबर फिर कहीं नहीं गया
यहीं बस गया
इस महादेश में
ऐसा भी एक समय था
जब लिखे हुए शब्दों
और कही हुई बातों का कोई मोल होता था!

35

कम्पिन् फ़ियतिन् क़लीलतिन् ग़लबतत् फ़ियतन् कसीरतन् बइजिंल्लाह।
[नगाड़ों की गड़गड़ाहट सुनकर ही दुश्मन भाग गए। अल्लाह ने काम बना दिया!]

नगाड़ों की आवाज़ से ही दुश्मनों को भगा देने वाले बाबर की रूह लेकिन राणा सांगा से काँपती थी।
बाबरनामा में बाबर ने राणा सांगा को परम-सम्मान से याद करते हुए लिखा है :
राणा सांगा का दूत हमसे काबुल में मिल चुका था। उसने हमें न्योता दिया था—तुम आओ जिससे मैं आगरा पर चढ़ सकूँ। मैंने दिल्ली के बाद आगरा भी ले लिया लेकिन क़ाफ़िर हिला भी नहीं। उसने कन्दार जीत लिया था।
रापड़ी के हुसैन ख़ान को भी उसने भगा दिया
बाबरनामा इस बात का गवाह है कि
बाबर इस राजपूत योद्धा की बहादुरी पर फ़िदा था
खड्ग की धार पर चलने वाला
और अश्व की पीठ पर सोने वाला
इस महादेश का प्रथम वीर रण-बांकुरा
राणा सांगा!

36

जो गुज़र गया
वह हमारे साथ चलता है
जो बीत गया वह हमारी आत्मा में विन्यस्त है
इस महादेश का कोई इतिहास नहीं
यह स्मृतियों का देश है
हमारे पास कोई एक किताब नहीं थी
स्मृतियाँ थीं पुस्तकाकार
जब सारी किताबें जल जाएँगी
जब सारी पांडुलिपियां गल जाएँगी
तब हम स्मृतियों की नाव के सहारे
करेंगे भवसागर पार!

37

एक जर्मन भारतविद् मैक्समूलर
ऋग्वेद की ऋचाओं को
गड़रियों के गीत कहता था
इन गड़रियों के गीतों का
पर्व-व्यास-विभाजन करके
कृष्ण द्वैपायन नाम का कवि
वेदव्यास बन गया
जिसने कालांतर में
आदिकाव्य 'जयमंगल' को
'महाभारत' के रूप में कल्पित किया
महाभारत भी एक महादेश है
जिसके भीतर-बाहर धूल उड़ती रहती है
हाहाकार बरसता रहता है
और जो कुछ भी इस कायनात में है
वह सब कुछ इसके भीतर है
बाहर कुछ नहीं!

38

बहूनी में अकृता कर्त्वानि
युध्यै त्वेन सं त्वेन पृच्छै! (ऋग्वेद) 4.18.2

[अभी मुझे ऐसे अनेक काम करने हैं, जिन्हें किया नहीं गया। किसी से युद्ध करना है तो किसी से कुछ पूछना-सीखना है!]

अभी इस देश को चलना है कई कोस
कई बरस
अभी इस महादेश को करने हैं कई युद्ध
और अभी बहुत कुछ सीखना है!

39

द्वा सुपर्ण सयुजा सखाया
समानं वृक्षं परिषस्वजाते
तयोंरन्य: पिप्पलं स्वाद्वात्ति
अनश्ननन्नोया अभिचाकशीति! (ऋग्वेद) 1.164.20
[एक पीपल-वृक्ष, दो मित्र-पक्षी। एक बरबंटा स्वाद से खाता है—दूसरा स्वाद से परे है!]

ऋग्वेद मनुष्य-मनीषा का
प्राचीनतम दस्तावेज़ है
और ऋग्वेद की यह ऋचा
इस पृथ्वी पर
प्रेम-बन्धुत्व-सहिष्णुता और सह-अस्तित्व का
प्रथम-गान है

इहैव प्राण: सख्ये नो अस्त....!
[यह सख्यता कभी अस्त न हो!]

40

ऐसे-ऐसे कवि इस महादेश में हुए हैं
जो अतल-महा-सागर तक देख लेते थे
समुद्रे अंत: कवेया विचक्षते! (ऋग्वेद) 10.177.1

ऐसे-ऐसे पुरुष
जो इस पृथ्वी से दस-अंगुल आगे चलते थे

स भूमिं विश्वतो वृत्वा
अत्यदि ठद दषाङ्गुलम! (ऋग्वेद) 11.10.90.1

और ऐसी-ऐसी स्त्रियाँ
जो तप्त-सूर्य को
अपने वक्ष पर धारण करती थीं!

41

कहाँ से आती है रौशनी
अन्धकार कहाँ से आता है
अन्याय किस रास्ते से आया
किस पेड़ की छाल में छिपी रहती है क्रूरता
किस आसमान से टपकती है बर्बरता
कौन जानता है
कौन कह सकता है

को अद्धा वेद क इह प्रवोचत्
कुत अजाता कत इयं विसृष्टि! (ऋग्वेद) 10.129.6
[कहाँ से आया यह सब, सृष्टि कैसे हुई? कौन जानता है, कौन कह सकता है!]

हर-घड़ी हम यह मंत्र बुदबुदाते रहते थे :

पृथ्वी नः स्योना!
[यह पृथ्वी कभी रसहीन-मलिन न हो!]

42

यह महादेश सोमरस को भूल गया
और मुट्ठी-भर तुर्क लड़ाकों ने
सोम पीकर हिन्दुस्तान विजित कर लिया।
वेदों में वर्णित सोमलता भंग की बूटी है या नहीं इस पर हमारा शोध कभी ख़त्म नहीं होगा लेकिन बाबर इस शक्ति-प्रदायिनी लता से परिचित था।
बाबरनामा के लगभग हर पन्ने पर कमाली (भंग मिश्रित मिष्टान्न), माजून (भंग मिश्रित अवलेह) और कई तरह के आसव बहते हुए नज़र आते हैं।
कमाली का मज़ा कमाल का है। बहुत नशीला। एक टुकड़े में इतना नशा हुआ कि शाम को बेगों से सलाह भी नहीं कर सके। अजीब माल था
वसूली के लिए तहसीलदार लगा दिए फिर सवार होकर सैर को निकले और नाव में बैठकर माजून उड़ाई।
मैं चन्द मुसाहिबों के साथ एक नाव की चौरस छत पर बैठा अर्क़ पी रहा था। अस्र तक पीना चलता रहा। अर्क़ से जी भर गया तो माजून खाई गई।
माजूनी और शराबी की कभी नहीं पटती। यह दुरंगा जलसा अच्छा चल रहा था कि थोड़ी देर में माजूनी और शराबी उलझ पड़े।
आज माजून खाई और उसके सुरूर में यहाँ की अनोखी फुलवाड़ियों का तमाशा देखा। रंगों का छिड़काव था। लुभावनी छटा थी
हर यलगार से पहले बाबर के लड़ाके माजून खाना नहीं भूलते थे
हम प्रचंड-शक्ति-दायिनी सोमलता को भूल गए
और चन्द तुर्कों के हाथों
हिन्दुस्तान हार गए!

43

मैं अपने दोनों हाथ ऊपर उठाकर
एक बार फिर कहता हूँ :
यह महादेश चल नहीं सकता
जाति धर्म मज़हब भाषा फ़िरक़ा-परस्ती
और साम्प्रदायिकता का विष
यदि इसी तरह फैलता रहा तो
यहाँ ख़ून की नदियाँ बहेंगी
और एक दिन
यह महादेश
बहुत सारे टुकड़ों में विभक्त हो जाएगा!

44

बाबर की काबुल में एक शराबी स्त्री से मुलाक़ात हुई। बाबरनामा में जिसका वर्णन इस तरह किया गया है :
माजून खाकर पतझर की सैर की। दिन चढ़ा तो बाग़ में आ गए। कुछ अंगूर-वन्गूर खाए। कई प्याले शराब पी। तभी तरदी बेग ने अर्ज़ किया—हुलगुल अनीगा बादशाह के साथ पीना चाहती है। मैंने कहा—मैंने तो कभी औरत को शराब पीते देखा नहीं फिर भी हरज ही क्या है बुला लो। शाही नाम के कलन्दर और एक रबाबी, एक कारेज़ी को भी बुला लिया गया। इशा तक पीना चला। अजीब खुले दिलों की सैर थी। कोई लाग-लपेट न थी। हुलहुल मेरे पास आई और बहुत से सलाम किए। बेतरह गले पड़ी। मैं नशे के बहाने किसी तरह खिसक पाया।
बाबर किन-किन बलाओं-आपदाओं से बचता हुआ
हिन्दुस्तान पहुँचा
सोच कर आश्चर्य होता है!

45

सप्त यूजन्ति रथमेकचक्रम
एको अश्वो वहति सप्तनामा! (ऋग्वेद) 1:164:2
[रथ में सात अश्व जुते हुए हैं। एक अश्व के सात नाम हैं!]

ऋग्वेद एक जादू का पिटारा है
एक आश्चर्य-लोक
ऐसी-ऐसी अविश्वसनीय सारगर्भित और श्रवण-योग्य ऋचाएँ ऋग्वेद में हैं
जिनके आगे जादुई-यथार्थ पानी भरता है

अहं तृष्टेव वन्धुरम् पर्यचामि ऋदा मतिम्
कुवित् सोमस्यापामिति! (ऋग्वेद) 10:119:10
[बढ़ई के रन्दे की तरह दोहराता हूँ प्रार्थना—मैं पिये हुए हूँ सोम!]

46

खेत जोतने वाले मज़दूर
लोहा गलाने वाले लुहार
बढ़ई मिस्त्री इमारतसाज़
मिट्टी के बरतन बनाने वाले कुम्हार
रोज़ी-रोटी के लिए
पूरब से पश्चिम
उत्तर से दक्षिण
हर सम्भव दिशा में भटकते रहते थे
ये भूमिहीन लोग थे
सुई की नोक बराबर भी जिनके पास भूमि नहीं थी
बस-रेलगाड़ियाँ लदी रहती थीं
इन अभागे नागरिकों से
अब कहीं दूर-देश जाने की ज़रूरत नहीं थी
अपने ही देश में
निर्वासित थे करोड़ों लोग!

47

इस महादेश में
भिखारियों का भी गुज़ारा हो जाता था
कई भिक्षुक तो यहाँ
ऐश्वर्यशाली जीवन व्यतीत करते थे!

48

करियो धरियो चन्द कवि
भरियो प्राण तरंग
अकबर शाह आदर कियो
बाँच बिलन्द कवि गंग!

तब अकबर ने कवि गंग को आदेश दिया कि मुझे दिल्ली के अधिपति राजा पृथ्वीराज चौहान की कथा सुनाओ तो गंग भाट ने चन्द बरदाई रचित पृथ्वीराज रासो पुस्तक मंगवाई और मिरज, बीन आदि बजाकर आमख़ास में आए। बादशाह अकबर ने उठकर सलाम किया।

पुस्तक स्वर्ण बाजोट पर रखी गई। गंग ने गणपति-सरस्वती को नमस्कार करके पुस्तक को दण्डवत किया। बाबा चन्द बरदाई को भी नाम लेकर साष्टांग किया। फिर बाँचना शुरू किया।

एक तो कथा कहने वाले कवि गंग
दूसरे सुनने वाले बादशाह अकबर
तीसरे सुनाए जाते हुए चन्द के छन्द
चौथे आमख़ास के चूने की लदाव से बने हुए गुम्बद
जहाँ आवाज़ साफ़ सुनाई देती थी
गूँजती हुई और लौटती हुई
और फिर
पुराणों की तरह
समुद्र की तरंगों भरा हुआ
पृथ्वीराज रासो!

यह निराला-प्रसंग कवि गंग की कथित पर अविस्मरणीय कृति 'चन्द छन्द बरनन की महिमा' में वर्णित है।

एक लाख छन्दों से लदे हुए 'पृथ्वीराज रासो' नामक इस कल्पवृक्ष को इस महादेश के पण्डित-प्रवर जाली ग्रंथ कहते थे!

49

कभी का धूल-धूसरित हो जाता यह देश
बिखर जाता
टुकड़ों-टुकड़ों में विभक्त हो जाता
लेकिन इस महादेश को
अभावों ने कसकर थाम रखा था
ग़रीबों की आहें
हमारी प्राण-वायु थी!

50

कुछ भी नया नहीं था यहाँ
सब कुछ पुराना था
पुराने से भी पुराना
से भी दो पुराना
यहाँ हर चीज़ का पुराण था
यहाँ तक कि जिस पक्षिराज को
किसी ने देखा तक नहीं था
उसके नाम पर भी
एक गरुड़-पुराण था!

51

इस महादेश में
शूद्र ही केवल शूद्र नहीं थे
क्षत्रिय ब्राह्मण वैश्य भी शूद्रों से कम नहीं थे
शूद्रः अवरवर्णः वृषलः जघन्यजः जैसे चार नामों से पुकारे जाने वाले शूद्रों
के अवतरण में सवर्णों के योगदान को कम करके नहीं आँका जा सकता
अमरसिंह विरचित अमरकोशः के अनुसार :
शूद्र वर्ण की स्त्री और वैश्य वर्ण के पुरुष के
वैश्य वर्ण की स्त्री और ब्राह्मण वर्ण के पुरुष के
शूद्र वर्ण की स्त्री और क्षत्रिय वर्ण के पुरुष के
क्षत्रिय वर्ण की स्त्री और वैश्य वर्ण के पुरुष के
वैश्य वर्ण की स्त्री और क्षत्रिय वर्ण के पुरुष के
क्षत्रिय वर्ण की स्त्री और शूद्र वर्ण के पुरुष के
ब्राह्मण वर्ण की स्त्री और क्षत्रिय वर्ण के पुरुष के
ब्राह्मण वर्ण की स्त्री और वैश्य वर्ण के पुरुष के
शूद्र वर्ण की स्त्री और वैश्य वर्ण के पुरुष के
ब्राह्मण वर्ण की स्त्री और शूद्र वर्ण के पुरुष के संयोग से उत्पन्न सन्तान
भी शूद्र कहलाती थी
इस महादेश में न कोई सवर्ण था न कोई अवर्ण
सभी विवर्ण थे!

52

जब उड़ूँ तो
अनन्त और अक्षत आसमानों में
जब गिरूँ
लथ-पथ-श्लथ होकर
इसी भारत-भूमि पर गिरूँ
किसी घायल पक्षी की तरह!

53

अग्नि थी
अग्नि विशेष थी
अग्नि समुदाय था
हर स्थान की अलग अग्नि थी
इस अग्नि को हमने
अरणि: नामक काष्ठ-खण्डों को
परस्पर रगड़कर प्राप्त किया था
इसके बाद हमने
इन काष्ठ-खण्डों से संगीत की खोज की
अग्नि और संगीत
दो काष्ठ-खण्डों की जुगलबन्दी का नाम है!

54

नृत्य गायन-वादन
अन्त:पुर में देर रात तक उत्सव चला
रात्रि के अंतिम याम में जब सब षोडशियां क्लांत होकर निद्रामग्न थीं
तब सिद्धार्थ ने अंत:पुर को निहारा
उसे लगा जैसे वह श्मशान में रह रहा है
कोई थी जिसके वस्त्र गिरे हुए थे
कोई थी जिसके केश अस्त-व्यस्त थे
कोई थी जिसके आभूषण बिखरे हुए थे मुकुट खिसक गए थे
कोई थी जिसके कंधे झुक गए थे
कोई थी जिसकी आँखें उलट रही थीं
कोई थी जिसके मुँह से लार बह रही थी
कोई थी जो ज़ोर-ज़ोर से सांसें ले रही थी
कोई थी जो खाँस रही थी
कोई थी जो दाँत किटकिटा रही थी
कोई थी जो बदरंग और कुरूप लग रही थी
कोई थी जिसकी बांहें लटक गई थीं
कोई थी जिसके पैर अस्त-व्यस्त थे
कोई थी जो औंधे मुँह पड़ी खुरखुरा रही थी
कोई थी जो मृदंग से लिपटी हुई थी
कोई थी जिसके हाथ वीणा से लगे हुए थे
कोई थी जो वंशी को दाँतों से कटकटा रही थी
कोई थी जो झाँझ को खींच रही थी
कोई थी जो मुँह फैलाए हुए पड़ी हुई थी
यह सब देखकर सिद्धार्थ के मन में श्मशान-वैराग्य और करुणा एक साथ उपजी और उसने सोचा :

संसार के समस्त विषय यौवन और सौंदर्य अनित्य हैं व्ययधर्मा हैं और क्षय को प्राप्त होने वाले हैं। जो स्वयं नाशवान हैं उनमें रमण कहाँ की बुद्धिमानी है
जिसे दुनिया में बुद्ध का महान गृहत्याग अथवा महाभिनिष्क्रमण कहा जाता है
उसकी तरफ़ सिद्धार्थ का यह प्रथम क़दम था!

55

एक दिन सिद्धार्थ अपने दोस्तों के साथ अपने पिता के खेतों की ओर गया
उसने देखा कि श्रमिक खेत कोड़ रहे हैं
बाँध बाँध रहे हैं
उनके तन पर पर्याप्त कपड़े नहीं
सूर्य के ताप से जलते हुए भी वे कर्म किए जाते थे
सिद्धार्थ ने सोचा
एक व्यक्ति दूसरे का शोषण करे
क्या यह ठीक है
श्रमिक परिश्रम करे
और मालिक आनन्द भोगे
क्या यह उचित है
सिद्धार्थ ने अपने प्रियजनों को रोगी होते देखा
पीड़ित वृद्धों को लाठी के सहारे चलते देखा
कष्ट से मरते हुए देखा और कहा :
हाय दुख दारुण दुख
मैं ऐसी वस्तुएँ खोज रहा हूँ
जिनका स्वभाव जन्म जरा रोग मृत्यु और दुख है
जबकि मुझे जन्मरहित जरारहित रोगरहित मृत्युरहित और दुखरहित स्थान
की गवेषणा करनी चाहिए
यह सोचकर सिद्धार्थ का द्वन्द्व समाप्त हुआ
महाभिनिष्क्रमण की ओर
सिद्धार्थ का यह दूसरा क़दम था!

56

सिद्धार्थ द्वारा गृह-त्याग की बात सुनकर पिता शुद्धोधन ने कहा:
तुम्हारा शरीर सुकुमार है। अभी लड़के हो। केश काले हैं और अभी काम के खेल भी तुमने खेले नहीं हैं। एक वैभवशाली राजकुमार की तरह आनन्द मनाओ
लोग दारुण दुखों की पीड़ा सहन करते रहें और मैं भोगों में लिप्त रहूँ यह उचित नहीं अत: मुझे गृह-त्याग की अनुमति दें उनके दुखों को दूर करना मेरा मानवीय दायित्व है
गृह-त्याग की क्या आवश्यकता घर पर भी यह किया जा सकता है
नहीं उसे गृह त्याग कर किसी वन्य प्रदेश में किसी गम्भीर ध्यान साधना से ही खोजा जा सकता है
पुत्र सिद्धार्थ के ऐसे दृढ़-वचन सुनकर पिता शुद्धोधन ने पुत्र-स्नेह को काट डाला और कहा :
तुम्हारा जो मनचाहा अभिप्राय हो वह पूरा हो
महाभिनिष्क्रमण की ओर सिद्धार्थ का
यह निर्णायक और तीसरा क़दम था!

57

शाक्यों की सीमा से जुड़ा कोलियों का गणराज्य था
रोहिणी नदी दोनों राज्यों से होकर बहती थी
हर वर्ष फसल बीजते समय दोनों में विवाद होता था
शाक्यसंघ का अधिवेशन बुलाया गया
युद्ध के बारे में निर्णय लिया जाना था
सिद्धार्थ गौतम ने कहा :
मैं इस प्रस्ताव का विरोध करता हूँ
युद्ध से किसी भी समस्या का समाधान नहीं हो सकता
एक युद्ध दूसरे युद्ध को जन्म देता है
हर हत्या दूसरी हत्या के लिए उकसाती है
लूटने वाले को लूटने वाला मिल जाता है
और यह भी कहा कि
बैर से बैर नहीं मिटता वह अबैर से मिटेगा
यह सुनकर शाक्यसंघ का सेनापति क्रोधित हो गया :
इस दार्शनिक शास्त्रार्थ में पड़ना बेकार है
स्पष्ट है कि सिद्धार्थ को युद्ध का प्रस्ताव अमान्य है अत: सिद्धार्थ को निंदा भाजन बनना होगा
शाक्यों के हित की तुलना में सार्वजनिक निंदा मेरे लिए कुछ नहीं। सिद्धार्थ ने कहा—मैं दंडस्वरूप परिव्राजक बनता हूँ और और संकल्प लेता हूँ कि इस देश को छोड़कर चला जाऊँगा
महाभिनिष्क्रमण के रास्ते पर
सिद्धार्थ का यह अंतिम क़दम था!

58

सिद्धार्थ अपने सारथी छन्दक के साथ
अपने प्रिय अश्व कन्थक पर सवार होकर निकला
सबसे पहले भारद्वाज आश्रम पहुँचकर
उनसे आशीर्वाद की याचना की
उन्होंने अश्रुपूरित आँखों के साथ सिद्धार्थ को हृदय से लगाया
सिद्धार्थ ने सभी आभूषण और वस्त्र छन्दक को सौंप दिए मुंडन करवाया
महानाम परिव्राजक के योग्य वस्त्र और भिक्खा पात्र ले आया
शाक्य गणतन्त्र की सीमा पार करते हुए सिद्धार्थ ने अपार भीड़ को अपने पीछे पाया
सिद्धार्थ गौतम ने उनसे कहा :
मेरे पीछे आने से क्या लाभ होगा
मैं शाक्यों और कोलियों का झगड़ा निपटा न सका
लेकिन तुम लोग जनमत तैयार करके युद्ध को टाल सकते हो
अनोमा नदी के तट पर पहुँचकर सिद्धार्थ ने कहा :
हे मित्र छन्दक मैं तुम्हारे मैत्री भाव से बहुत प्रसन्न हूँ
लेकिन अब तुम कन्थक को लेकर लौट जाओ
मैं इस दग्ध-हृदय के साथ नगर कैसे लौट सकता हूँ
छन्दक के दुख भरे शब्दों को सुनकर सिद्धार्थ ने कहा :
वियोग से होने वाले दुख का परित्याग करो
वियोग अनिवार्य है
कन्थक अश्रु मत बहाओ
यह सुनकर छन्दक ने परिव्राजक सिद्धार्थ को अंतिम नमन किया और अश्व के साथ लौट पड़ा
सिद्धार्थ गौतम आगे बढ़ चले
यह महान गृह-त्याग था
जिसे दुनिया महाभिनिष्क्रमण के नाम से जानती है!

59

कितने रजवाड़े मिट गए
कितने साम्राज्य ढह गए
कितने राजप्रासाद ढेर हो गए
कितने राजा बादशाह सामन्त सुलतान शहंशाह वज़ीरे-आज़म और राष्ट्राध्यक्ष
इस महादेश की मिट्टी में मिल गए
फिर आता है कोई नया तानाशाह
सत्ता-मद में चूर
लोकतंत्र का नगाड़ा बजाता
भड़कीले वस्त्रों में भड़कीली भाषा बोलता हुआ
जिसे देखकर डर लगता है
कलेजा काँप जाता है
उसका भयानक हश्र देखकर
किसी से भी पूछकर देखो
इस देश की गली-गली में भविष्य-वक्ता पाए जाते हैं!

60

नावाजिनं वाजिना हासयन्ति
न गर्दभं पुरो अश्वान्नयन्ति! (ऋग्वेद) 3:53:23
[मृतक को जीवित मूर्ख को विद्वान और गधे को घोड़ा नहीं बनाया जा सकता!]

लेकिन इस महादेश में
प्राचीन काल से अब तक
मृतक को जीवित
मूर्ख को विद्वान
और गधे को घोड़ा बनाने की कोशिशें जारी हैं!

61

इस देश का समस्त प्राच्य-साहित्य
उत्कृष्ट श्रेणी की मेधा
और उत्कृष्ट श्रेणी की ठगी के मिश्रण से बना
बेसुध कर देने वाला आसव है
यह कोई कम करामात नहीं कि
शतपथ ब्राह्मण में यज्ञ-याग को
कितनी कुशलता से रंग-राग में बदल दिया गया है :
हे गौतम स्त्री अग्नि है उसकी इन्द्रियाँ समिधा है लोम धुआँ हैं योनि लौ है
सहवास अंगारा है और आनन्द चिंगारियाँ हैं
इस अग्नि में देव वीर्य आहुति से पुरुष उत्पन्न होता है जब तक आयु है जीता है
मरने पर उसको अग्नि तक ले जाते हैं
इस महादेश में कामक्रीड़ा भी एक तरह का यज्ञ थी
और यज्ञ भी एक तरह की कामक्रीड़ा!

62

सिंधु यमुना सरयू सोन कावेरी और नर्मदा के तटों पर रहने वालों का विनाश अवश्यम्भावी है
सूर्योदय के समय सूर्याभिमुख पक्षियों की चीखों के साथ मेघ-गर्जन से राजाओं न्यायाधीशों प्रशासकों धनिकों सैनिकों व्यापारियों और गणिकाओं का नाश होता है
लेखकों कवियों कलाकारों और शिल्पियों के बुरे दिन आने वाले हैं
यदि चैत्र मास में ग्रहण लगता है तो इससे वैदिक विद्वान चित्रकार लेखक संगीतज्ञ वेश्याएँ और स्वर्ण-व्यापारी प्रभावित होंगे
शनि ग्रह की गतियां कुलटा स्त्रियों लेखकों चित्रकारों भांडों चारणों गुप्तचरों सन्देश-वाहकों सारथियों नाविकों अभिनेताओं संगीतज्ञों के लिए कष्टकर होंगी
रंगरेजों शौण्डिकों चित्रकारों कुआँ खदान खोदने वालों वैद्यों पंसारियों अभिनेताओं गायकों नर्तकों डाकुओं जुआरियों वेश्याओं और अन्य दस्तकारों के सर पर विपत्ति पड़ने वाली है
और ऐसे समय में जादूगर बाजीगर गायक सैनिक गन्धिक नौकर और चोर आनन्द करेंगे
बृहत्संहिता में उल्लिखित
वराहमिहिर की भविष्यवाणियाँ बार-बार
सच साबित होने के बाद भी
भविष्यवाणियाँ बनी हुई हैं
कितनी राजधानियाँ विनष्ट हो गईं
कितने नगर कितने नागरिक
कितनी आबादियाँ काल के गर्त में समा गईं
लेकिन यह देश हर-बार
अपनी राख से उठ खड़ा हुआ
यह महादेश मिट-मिट कर बना है!

63

अंत में कामदेव ने
अपने उस बाण का संधान किया
जिससे बिद्ध होकर
औघड़ शिव भी
पार्वती के प्रति आसक्त हो गए थे
लेकिन इस शाक्य सिंह पर
इस बाण का तनिक भी प्रभाव नहीं हुआ
कामदेव बुदबुदाए :

स्याद् चित्तो न शरः स एषः!
[या तो इसका हृदय नहीं है या यह बाण नहीं है!]

बुद्ध बनने के रास्ते में
कितना संघर्ष कितनी रुकावटें थीं!

64

पुराण पुराना नहीं
पुराने को नया करना पुराण है
लिंगपुराण से लेकर वायुपुराण से लेकर अग्निपुराण से लेकर पद्मपुराण से लेकर कर्मपुराण से लेकर गरुड़पुराण से लेकर आत्मपुराण जैसे तरह-तरह के पुराणों के इस पुरातन देश के पुराण-प्रेम की परिणति देखिए कि यहाँ भविष्य का भी एक पुराण है
भविष्यपुराण
ऐसा लगता है
जैसे यह महादेश
किसी पुरातन पुरुष की कला है!

65

आम्रपाली उपवन के बाद बुद्ध वैशाली के निकट बेलवा पहुँचे जहाँ भगवत
को एक महारोग हुआ जिससे मृत्यु तक असह्य पीड़ा होती रही
अपनी इच्छाशक्ति के बल पर भगवत ने व्याधि का दमन किया और अपने
प्रिय शिष्य आनन्द से कहा :
हे आनन्द, मैं अस्सी वर्ष का हो गया हूँ और अपनी आयु पूर्ण कर चुका
हूँ—मेरी यात्रा समाप्ति पर है
जैसे एक जर्जर गाड़ी को कठिनता से चलाया जाता है वैसे ही मेरे शरीर
को अब अतिरिक्त देख-भाल से ही चलाया जा सकता है
हे आनन्द, जब मैं बाह्य वस्तु पर ध्यान देना बन्द कर चित्त की ध्यानावस्था
में प्रवेश करता हूँ तभी शरीर सहज होता है
अत: हे आनन्द, अप्प दीपो भव!
अपने दीपक आप बनो
आत्मनिर्भर बनो और किसी बाह्य उपाय पर आश्रित मत होओ
और मनुष्य को अपने कल्याण के लिए ज्ञान-पिपासु होना पड़ेगा
कहकर बुद्ध दाईं करवट लेट गए!

66

तब बुद्ध ने कहा :
बस बहुत हो गया आनन्द
अब मुझसे और विनती मत करो
जाओ वैशाली के प्रतिवेश में निवास करने वाले
सभी भिक्षुओं को एकत्र करो
मैं कुछ कहना चाहता हूँ
बुद्ध सेवाकक्ष में जाकर चटाई पर बैठ गए
आसन ग्रहण करने के बाद भगवत ने संघवासियों को सम्बोधित किया :
हे संघवासियो
तुमने और मैंने—हम सभी ने सत्य को पा लिया है
इसका प्रचार करो जिससे यह सम्पूर्ण जगत और मनुष्यता के लिए हितकर हो सके
जो अपने चित्त पर संयम नहीं रखता वह निर्वाण को प्राप्त नहीं कर सकता
अपनी क्षुधा की पूर्ति उस तितली की तरह करो जो फूल की गन्ध या उसके स्वभाव को हानि पँहुचाए बिना उसका मधुपान करती है
साधुता के मार्ग पर चलो और पाप के विरुद्ध महान संघर्ष जारी रखो
और अंत में तथागत ने कहा :
वेदना से निर्मित सभी सम्मिश्रण पुराने होते हैं और पुन: विघटित होते हैं, इसलिए तुम चिरन्तन की खोज करो और कर्मनिष्ठ होकर मुक्ति का प्रयास करो
संघ के भिक्षुओं को
बुद्ध की यह अंतिम देशना अंतिम सीख थी!

67

मैं बहुत सारी किताबों की
एक किताब बनाता हूँ
मैं कवि नहीं
जिल्दसाज हूँ
जो बिखरी हुई किताबों को बाँधता है
किताबें जलाने वाले इस महादेश में
मैं किताब बचाने का काम करता हूँ!

68

अंगदेश आंध्रदेश अवन्तिदेश उत्कलदेश कलिंगदेश कामरूपदेश काम्बोजदेश कुंतलदेश कुलूतदेश केकयदेश केरलदेश कोशलदेश गौड़देश चेदिदेश चोलदेश त्रिगर्तदर्श दशार्णदेश द्रविड़देश निषधदेश पंचालदेश पांड्यदेश मगधदेश मत्स्यदेश महोदयदेश लाटदेश बंगदेश विदर्भदेश जांगलदेश मरुदेश विदेहदेश सिंधुदेश सौराष्ट्रदेश
इस एक महादेश में
कितने सारे देश समाहित थे!

69

और बुद्ध पावा पहुँचे
चुन्द लोहार ने बुद्ध और भिक्षुओं को भोजन के लिए आमन्त्रित किया और उन्हें चावल की रोटी और सूअर का सूखा मांस परोसा
चुन्द लोहार द्वारा तैयार भोजन खाने के बाद भगवत को असह्य पीड़ा हुई जो मृत्युपर्यन्त चलती रही पर बुद्ध ने वेदना को सहन कर लिया
लेकिन आपकी त्वचा इतनी दीप्त और कांतियुक्त क्यों है भगवत
हे आनन्द, दो स्थितियों में तथागत का व्यक्तित्व दीप्त और कांतियुक्त हो जाता है, एक तो उस रात में जब तथागत श्रेष्ठ अन्त:दृष्टि प्राप्त करता है और दूसरे उस रात में जब वह भवसागर पार करता है
सुनो आनन्द, अब ऐसा हो सकता है कि कोई चुन्द लोहार को अनुताप जगाने के लिए कहे कि तुम्हारा भोजन प्राप्त करके भगवत मृत्यु को प्राप्त हुए
लोहार चुन्द का अनुताप यह कहकर दूर करना कि यह कितनी अच्छी बात है कि तुम्हारे भोजन के बाद बुद्ध का परिनिर्वाण हुआ इसका तुमको सुफल मिलेगा
चुन्द लोहार का भोजन मेरे लिए सुजाता की खीर से कम नहीं
यह बुद्ध का अंतिम भोज था!

70

शताब्दियों बाद आज भी
वह पुष्करणी प्रवाहित है
जिसमें कभी वैशाली की नगरवधू
अपने चरण पखारती थी
खरौना पोखर की निर्मल जल-धारा में
आज भी आम्रपाली की
देह-गंध बसी हुई है
वह अपार सौंदर्य
बुद्ध की अपार-करुणा के सिवा कहाँ समाता
और काल की क्रूर सड़क पर
साइकिल का चक्का दौड़ाता हुआ
वह नंग-धड़ंग बच्चा!

71

ईस्ट इंडिया कम्पनी के आगमन से पूर्व
इस देश से निर्यात की जाने वाली वस्तुओं में
नील मिर्च सोंठ घी मोम अफीम और कपड़े प्रमुख थे
छींट मलमल ताफ्ता बाफ्ता जैसे कपड़े
आयात होने वाली वस्तुओं में प्रमुख
चाँदी तांबा सीसा बनात पारा मूंगा कांच का सामान मसाला कस्तूरी और सोहागा थे
हीरों का निर्यात और मोतियों का आयात
ईरान-अरब से हर वर्ष
एक लाख घोड़े हिन्दुस्तान आते थे
कभी-कभी सोना तम्बाकू और हब्शी गुलाम भी
अंग्रेजों से पहले यहां पुर्तगीज़ आए
वास्को डि गामा 1498 में
अफ्रीका से दक्षिण होकर समुद्र की राह
इस देश के पश्चिमी तट कालीकट पहुँचा था
इसके बाद डच फ्रांसीसी आए
लेकिन अंग्रेज़ों के सामने वे टिके नहीं
1600 में पूरब और ख़ास तौर पर भारत से
व्यापार करने के लिए इंग्लैंड में
ईस्ट इंडिया कम्पनी की स्थापना हुई
इस कम्पनी का पहला बेड़ा
जिसमें पाँच हज़ार अंग्रेज़ सवार थे
1601 में भारत पहुँचा
इस महादेश में
लुटेरों की यह नयी खेप थी
इस बार वे व्योपारियों के भेस में आए थे!

72

लॉर्ड क्लाइव ने मुर्शिदाबाद के बारे में लिखा :
विस्तार में जनसंख्या में और ऐश्वर्य में मुर्शिदाबाद लंदन की टक्कर का है
अंतर है तो इतना कि मुर्शिदाबाद में कुछ लोगों के पास इतनी धन-सम्पदा
है जिनकी बराबरी लंदन के धनिक नहीं कर सकते
अंग्रेज़ इतिहासकारों का कथन है कि
अंग्रेज़ों के दिमाग में दौलत के लिए
इतना लालच भरा हुआ था
जिसकी मिसाल नहीं मिल सकती
जब से दुनिया शुरू हुई
किसी भी पूंजी से इतना मुनाफ़ा नहीं हुआ
जितना हिन्दुस्तान की लूट से
क्लाइव को लॉर्ड की उपाधि तो पहले ही मिल चुकी थी
इंग्लैंड पहुँचते ही क्लाइव पार्लमेंट का मेंबर भी बन चुका था
इंग्लैंड में उन दिनों पार्लमेंट की सीट की क़ीमत
2000 पाउंड समझी जाती थी
इसके बाद लूट शब्द अंग्रेज़ी भाषा में
ससम्मान शामिल हो गया!

73

सो:यं चन्द्र: पतति गगनादल्पशेषैर्मयूखे :!

[वही चन्द्र, अपनी बची हुई किरणों के साथ, आकाश से गिरता आ रहा है!]

वही महादेश
अपने बचे-खुचे ऐश्वर्य के साथ
धूल-धूसरित होता है!

74

इस देश के बंजारे
जिप्सियों का भेस धरकर
पूरी पृथ्वी की परिक्रमा करते हैं
सिकंदर लोदी के समय
जिन्हें खदेड़ा गया था अपने देश के बाहर
कल के बंजारे
आज के जिप्सी
उतने ही चंचल मदमस्त
गीत गाते हुए परिव्राजक
उनकी दृढ़ मान्यता है कि
अंतिम जिप्सी व्यक्ति
पाश्चात्य दुनिया के बिखरे हुए खंडहरों से
अपना रास्ता खोजते हुए
अपने खोए हुए देश भारत लौटेगा
यह महादेश
निर्वासित बंजारों का गंतव्य है!

75

बाबर राणा सांगा के आमंत्रण पर हिन्द आया था
अब वही उसका सबसे बड़ा दुश्मन था
बाबर ही नहीं उसके सारे सेनापति
इस वीर रजपूत से घबराए हुए थे
बाबर ने जब राणा सांगा का
अपने सेनापतियों पर ऐसा आतंक देखा तो
अपना सारा जोश बटोरकर बोला :
हमारा देश हिदुस्तान से बहुत दूर है
अगर बुज़दिली से भागे तो
वापस नहीं पहुँच सकते
इससे अच्छा है दुश्मनों का मुक़ाबला करें
अगर फ़तह नसीब हुई तो गाज़ी कहलाएँगे
और मर गए तो शहीद होंगे
याद रखो यह दुनिया आख़िरत की खेती है
बाबर का जोशीला फ़रमान सुनकर
सबने अपनी-अपनी स्त्रियों को तलाक़ दिया
क़ुरआन की शपथ खाई गई और फ़ातिहा पढ़ा गया
सारी शराब ढोल दी गई
और सारे घड़े लुढ़का दिए गए!

76

इब्न बतूता मोराको से हिन्दुस्तान आया था
उसने अपने प्रसिद्ध यात्रा-वृत्तांत में
अपने ख़ैरख़्वाह मुहम्मद तुग़लक़ के बारे में लिखा है :
शायद ही कोई दिन जाता हो कि
बादशाह किसी भिखमंगे को धनाढ्य न बनाता हो
और किसी मनुष्य का वध न करता हो
प्रसिद्ध दानवीरों ने अपनी समस्त आयु में
इतना दान नहीं किया होगा
जितना तुग़लक़ एक दिन में करता था
ऐसा न्यायप्रिय और आदर-सत्कार करने वाला
कोई दूसरा मुहम्मद तुग़लक़ की बराबरी नहीं कर सकता
कोई सप्ताह भी ऐसा नहीं बीतता था जब यह सम्राट ईश्वर-भक्तों माननीयों
धर्मात्मा सैयदों वेदान्तियों साधुओं और कवियों-लेखकों को न बुलवाता हो
और उनका वध करके
रुधिर की नदियाँ न बहाता हो
विद्वानों कवियों लेखकों विचारकों को
मुहम्मद तुग़लक़ ईनाम देकर मार देता था
या तेग़ से उनका सर काट देता था
मुहम्मद तुग़लक़ उनको दोनों तरह से मार देता था!

77

इब्न बतूता की भारत-यात्रा नामक
ऐतिहासिक यात्रा-वृत्तांत में
इस चमत्कारिक महादेश के साथ
पूरा न्याय किया गया है
इब्न बतूता लिखता है :
बादशाह उस समय अपने एकांत-निवास में बैठा हुआ था। कुछ योगी भी वहाँ बैठे हुए थे। बादशाह ने मेरी तरफ़ इशारा करते हुए उनसे कहा कि यह आदमी सुदूर देश से आया है, इसको कोई अपूर्व चीज़ दिखाइए। यह सुनकर एक योगी पद्मासन लगा कर बैठ गया। वह धीरे-धीरे धरातल से ऊपर उठने लगा और हमारे ऊपर अधर में आ गया। बहुत देर तक वह हवा में अधर बैठा रहा। कुछ देर बाद एक अन्य योगी ने अपनी खड़ाऊं उठाकर क्रोध में पृथ्वी पर पटकी। खड़ाऊं वायुमण्डल में उड़कर अधर में लटके योगी की गरदन पर बार-बार लगने लगी। खड़ाऊं के प्रहार से योगी नीचे उतरने लगा और कुछ देर में धरती पर बैठ गया
यह कौतुक देखकर मैं घबराकर धरती पर लौट गया और औषधोपचार के बाद मेरा चित्त शांत हुआ
इब्न बतूता कुल नौ साल दिल्ली में रहा
अगर वह दो-तीन साल और हिन्दुस्तान में गुज़ार लेता तो
हो सकता है वह हवा में उड़ता हुआ
अपने देश मोराको पहुँचता!

78

खूबरू अब नहीं हैं गन्दुमगू
मीर हिन्दोस्तां में काल पड़ा!
हमारी आधुनिक स्मृति में दर्ज
छप्पनियां और बंगाल के अकाल के पूर्व भी
यह देश समय-समय पर
अकाल और दुर्भिक्ष की आपदाओं से गुज़रता रहा है
अपने यात्रा-वृत्तांत में इब्न बतूता लिखता है :
भारतवर्ष और सिंधु प्रांत में दुर्भिक्ष के कारण एक मन गेहूँ छह दीनार में बिकने लगा। एक दिन मैं वज़ीर से मिलने जा रहा था तो मैंने तीन स्त्रियों को महीनों पहले मरे हुए घोड़ों की खाल काटकर मांस खाते देखा। लोगों की यह दशा थी कि खालों को पका-पका कर बाज़ार में बेचते थे और गायों के वध के समय चूती हुई रुधिर-धारा तक को पी जाते थे
एक खुरासानी विद्यार्थी ने मुझे सिरसा और हांसी के बीच के अगरोहा नामक नगर का हाल सुनाया कि समस्त नगर वीरान पड़ा हुआ था। एक घर में रात बिताने जब घुसे तो देखा—एक पुरुष अन्य मृत पुरुष की टाँग अग्नि में भूनकर खा रहा था
यह महादेश
न जाने कितने अकाल-दुर्भिक्ष से निकलकर
हर-बार पुनर्नवा होता रहा है!

79

इस देश के ज्योतिषी और नजूमी
आगम-भविष्य को
अतीत की तरह देख लेते थे
और अपनी हथेली की तरह
समूचे ब्रह्माण्ड को
यह महादेश
न भूतो न भविष्यति था!

80

आज भारतवंशी करोड़ों जिप्सी
यूरोप से लेकर सारी दुनिया में भटकते हैं
उनके क़ाफ़िले बढ़ते ही जाते हैं
एक पढ़-लिख गए जिप्सी ने
बड़ी वेदना से 1967 में अपने देश को याद करते हुए अपनी डायरी में यह दर्ज किया :
हम अपने छूटे हुए देश को कितना याद करते हैं लेकिन लगता है हमारा देश हमें भूल गया है। कितनी हसरत से मैं जवाहरलाल नेहरू लिखित 'डिस्कवरी ऑफ इंडिया' ख़रीद कर लाया लेकिन उसमें हमारे बारे में, अपने विस्मृत बंधुओं के लिए, एक शब्द भी नहीं है
ओ बंजारो
ओ जिप्सियो
मैं तुम्हें प्यार करता हूँ मेरे बिछुड़े हुए भाइयो
इस महादेश का एक कवि
अश्रुपूरित नेत्रों से तुमको याद करता है!

81

किसी ने मेरे भारत को देखा है
किसी ने
एक फटेहाल स्त्री
इस महादेश के फुटपाथों पर भटकती थी
अपने भारत को खोजती हुई
जैसे अपने खोए हुए पुत्र को!

82

ख़ामोश हो गया हूँ
अपने ही देश में
जब-जब खोलता हूँ ज़बान
बढ़ती जाती है दुश्मनों की क़तार
कहाँ से लाऊँ प्रेम की बानी
अपनी आत्मा के दाग़ लेकर
किस घाट पर पर जाऊँ
किस धोबी किस रजक के पास
मेरी चादर मैली होती जाती है!

83

मुग़लों ने सल्तनत बख़्शी नहीं दी थी
उनसे छीन ली गई थी
इस देश में मुग़ल-साम्राज्य के पतन पर
इतिहासकारों ने असंख्य पन्ने रंगे हैं
लेकिन राजस्थान के एक कवि ने
इस पर एक दोहा कहा है :

दिल्ली दोखो लागियो
रण्डी दारू राग
तिण कारण सूं तुरकड़ा
खैंच न सकिया खाग!
[दिल्लीश्वरों को वेश्याओं, मदिरा और राग-रंग का ऐसा बुरा रोग लगा—
जिसके कारण तुर्क म्यान से तेग़ खींचने के क़ाबिल नहीं रहे!]

ऐयाशी से जर्जर देह
और अत्यधिक मदिरा-पान से कम्पित हाथों से
किसी महादेश की रक्षा नहीं की जा सकती!

84

प्रजापति ने त्रिवर्ग धर्म-अर्थ-काम का शास्त्र सर्वप्रथम एक लाख अध्यायों में प्रवचित किया
आचार्य नन्दी ने उसके काम-विषयक अंश को पृथक कर एक हज़ार अध्यायों में कामशास्त्र का प्रणयन किया
श्वेतकेतु ने उसे पाँच सौ अध्यायों में संकुचित किया
इसके बाद पाञ्चाल बाभ्रव्य ने इस कामशास्त्र को डेढ़ सौ अध्यायों और सात अभिकरणों में संक्षिप्त किया
बाभ्रव्य द्वारा सम्पादित कामशास्त्र से आचार्य दत्तक ने पाटलिपुत्र की गणिकाओं के अनुरोध पर वैशिक नामक अधिकरण को विलग किया
और इसके बाद आचार्य वात्स्यायन ने इसे अति संक्षिप्त कर
मनुष्य-विलास का
यह विश्वजयी कामसूत्र बनाया
कामसूत्र इस महादेश का आविष्कार था
जो हर नये आचार्य के हाथों
नया और मौलिक होता रहता था!

85

वरमद्य कपोत: श्वो मयूरात्!
[आज प्राप्त कबूतर कल मिलने वाले मयूर से अच्छा है!]

वरं सांशयिकान्निष्कादसांशयिक: कार्षापण:
इति लौकायतिका:!
[जिस सोने के मिलने में सन्देह हो उससे वह ताम्बे का सिक्का अच्छा जो असन्दिग्ध रूप से मिल रहा हो। यह लौकायतिकों का मत था!]

अलौकिक लोगों के अलावा इस देश में
लौकिक लोग भी रहते थे
इस महादेश की नज़र
अतीत और भविष्य पर ही नहीं
वर्तमान पर भी बराबर वर्तमान थी!

86

कारागार वनवास और देशनिकाला
इस प्राचीन देश में अपराधियों के लिए
यही बड़ी सज़ाएँ थीं
ह्वेनसांग ने अपने
बहुचर्चित भारत-यात्रा-वृत्तान्त में लिखा है :
अपने जन-समाज-देश से
विलग करने का यह दण्ड भी
कठोर परीक्षण के उपरांत दिया जाता था
जल अग्नि तुला और विष द्वारा
यह परीक्षण किया जाता था
अंग-भंग मृत्यु-दण्ड
और दीवार में चुनवा देने जैसी सज़ाएँ हमने
कुछ अधिक सभ्य होने के बाद ईजाद कीं!

87

जैसे सूखे हुए फूल बिखरने लगते हैं
वैसे ही बनवारी कवि की वीर अमरसिंह राठौड़ पर लिखी 1922 में प्रकाशित
और मेरे दादाजी के द्वारा
संगृहीत काव्यकृति के पन्ने भी छूने पर टूट-टूट कर बिखरने लगे
मारवाड़-नरेश गजसिंह का पुत्र अमरसिंह देशत्याग कर शाहजहाँ के दरबार में था। सलावत खाँ बख़्शी की उससे अदावत थी। एक दिन सलावत ने बादशाह के सामने दरबार में अमरसिंह को अपमानित करने की कोशिश की सलावत खाँ ने अमरसिंह को गंवार कहना चाहा। इधर गंकार मुँह से निकली और उधर तलवार चमकी। (गं)वार निकलने से पूर्व ही सलावत की गरदन धड़ से विलग हो गई
इत गंकार मुख ते कढ़ी
उत निकसी तरवार
वार कहन पायो नहीं
कीन्हों जमघर पार!
मिट जाए विस्मृत हो जाए बिखर जाए
उससे पूर्व मैं इस अद्भुत प्रसंग/दोहे को
हिन्दनामा में दर्ज करता हूँ!

88

वारेन हेस्टिंग्स 1772 में बंगाल का गवर्नर हुआ। वारेन का जन्म 1732 में हुआ था और 1750 में 18 की उम्र में ईस्ट इंडिया कम्पनी का नौकर बनकर कलकत्ते आया था। इसे ईमानदार समझा जाता था लेकिन वारेन 1764 तक ही 30000 पौंड की काली कमाई कर चुका था

बर्क ने ब्रिटिश पार्लमेंट में वारेन पर दोषारोपण करते हुए कहा था कि कम्पनी के सभी कर्मचारी लुटेरे थे और वारेन दूसरों से किसी तरह कम नहीं था

ईस्ट इंडिया कम्पनी इंग्लैंड में बहुत बदनाम हो चुकी थी। ब्रिटिश पार्लमेंट में एक सदस्य का यह बयान दर्ज है :

हिन्दुस्तान में होने वाले अन्याय और अनैतिकता की दुर्गन्ध धरती से आकाश तक फैल चुकी है

कहा जाता है कि उस वक़्त कोई भी 3000 पौंड खर्च कर ब्रिटिश पार्लमेंट में घुस सकता था

इस परिस्थिति में कम्पनी में कुछ सुधार किए गए जिसके तहत अंग्रेज़ कर्मचारियों पर निजी व्यापार करने पर रोक लगा दी गई

लेकिन जिसकी मनाही थी वह ख़ुद वारेन कर रहा था। उन दिनों प्राय: हर अंग्रेज़ का एक बनियन होता था जो उसके लिए पीर-बावर्ची-भिश्ती-खर का काम करता था

वारेन हेस्टिंग्स का अपना बनियन कासिम बाज़ार का कृष्णकांत नंदी था जो कंतू बाबू के नाम से बदनाम या मशहूर था

बंगाल की लूट और हिन्दुस्तान की पराधीनता में वारेन हेस्टिंग्स और अंग्रेज़ों के साथ-साथ हमारे जगत सेठों और कंतू बाबुओं का भी पूरा हाथ था!

89

मीना-बाज़ार कब का उजड़ गया
चाँदनी-चौक का सिर्फ़ चौक बाक़ी है
दिल्ली में आज
सर्वाधिक जगमगाता बाज़ार ख़ान-मार्केट है
जिसके पीछे छिपा हुआ
एक पृथ्वीराज-मार्केट भी है
ख़ान-मार्केट की चमकार से चुँधियाया हुआ
मदिरापान के अड्डे
बहुत हैं ख़ान-मार्केट में
लेकिन मदिरा ख़रीदने के लिए
आपको पृथ्वीराज-मार्केट ही जाना होगा
जहाँ से मैं अभी-अभी
एक अमृत-कलश ख़रीद लाया हूँ!

90

आ ते कारो श्रृणवामा वचांसि
ययाथ दूरादनसा रथेन
नि ते नन्सै पीप्यानेव योषा
मय येव कन्या शश्वचै ते! (ऋग्वेद) 3:33:10

[हे कवि, हम तुम्हारे वचनों को सुनती हैं—तुम जो शकट-रथ पर चढ़कर दूर से आए हो। हम पिलाने वाली माता की तरह और पति को आलिंगन करने वाली तरुणी की तरह तुम्हारे लिए झुक जाती हैं!]

इस महादेश में
ऐसा भी एक समय था
जब नदियाँ भी अपने कवियों को पहचानती थीं
और उन्हें
झुक-झुक कर सलाम करती थीं!

91

शून्य
इस महादेश का आविष्कार है
शून्य का अपना कोई मोल नहीं
लेकिन जिसके साथ खड़ा हो जाए
उसकी क़ीमत दस गुना बढ़ जाती है
ज्योतिष और गणित में
यहाँ दूरगामी अनुसंधान हुए
पाँचवीं शताब्दी के आर्यभट वराहमिहिर
सातवीं शताब्दी के ब्रह्मगुप्त जिसके अग्रदूत थे
और बारहवीं शताब्दी के भास्कराचार्य ने ऐसे ग्रंथों की रचना की
जिसके बारे में हॉगबेन ने
अपनी विख्यात कृति 'मैथेमेटिक्स फ़ॉर दि मिलियन्स' में लिखा कि
यही ग्रंथ योरोपीय गणित शास्त्र का मूल आधार बने
यह पृथ्वी अपने अक्ष पर घूमती है
यह बात भी पहले-पहल
भारतीय खगोलशास्त्रियों ने कही थी!

92

मुझे मार डालो
जला दो
गोली से उड़ा दो
संगसार कर दो
या किसी उबलते हुए कड़ाह में डाल दो
लेकिन मैं अपना देश छोड़कर कहीं नहीं जाऊँगा कहीं नहीं जाऊँगा कहीं नहीं
एक विक्षिप्त कवि
बुदबुदाता हुआ
इस महादेश के रास्तों से गुज़रता था!

93

आर्यों के आगमन/आक्रमण से पूर्व
इतिहासकार सर जॉन मार्शल कहते हैं :
पाँच हज़ार साल पहले पंजाब और सिंध में एक उन्नत सभ्यता विद्यमान थी
जो तत्कालीन मेसोपोटामिया और मिस्त्र देश की सभ्यता से मिलती-जुलती
पर उससे भी बढ़-चढ़ कर थी
जहाँ सिंचाई से खेती की जाती थी
दस्तकारियां और व्यापार फल-फूल रहे थे
नालियाँ और जल-वितरण प्रणाली थी
पक्की ईंटों से बने दुमंज़िले विशाल-भवन थे
आँगन दीवारें और सार्वजनिक-स्नानागार थे
वाद्ययंत्र और चित्रलिपि थी
परिवहन के लिए पहियेदार गाड़ियाँ और नावें थीं
तांबा और कांसा जैसी धातुओं से
हथियार और बरतन-भांडे बनाए जाते थे
सिंधु तट के लोहार चाँदी और सीसा पिघलाते थे
और सोने का काम भी करते थे
आर्यों ने एक जीती-जागती सभ्यता को
मुर्दों के टीले में बदल दिया
जिसे आज दुनिया
मुअनजोदड़ो के नाम से जानती है!

94

वाशीमेको बिभर्ति हस्त
आयसीमन्तर्देवेषु निध्रुविः! (ऋग्वेद) 8:26:3

[देवों के बीच निश्चल स्थान पर विराजित एक पुरुष तांबे से बने बसूले को धारण करता है!]

ऐसा लगता है जैसे उक्त पुरुष ने जिस तांबे के बसूले को धारण किया है उसे किसी अनार्य से छीना गया हो
यही नहीं ऋग्वेद में जितने भी औजारों/हथियारों का उल्लेख मिलता है यथा वाशी(बसूला) ऋष्टि(छुरा) सुधन्वा(सुधनुष) इषु(तूणीर) स्वधिति(कटार) अष्ट्रा(आरा) सभी आर्यों ने अनार्यों से प्राप्त किए
सुमेरी सभ्यता से भी पहले के औजार और हथियार हड़प्पा की खुदाई से प्राप्त हुए हैं। हड़प्पा सभ्यता के ध्वस्त/लुप्त नगरों से छैनियां कुल्हाड़ियाँ कटार भाले चाकू उस्तरे आरे दरान्तियां तीर इत्यादि प्राप्त हुए हैं जिनके बारे में इतिहासकारों का मत है कि ये सब विशेषज्ञता प्राप्त शिल्पियों यथा बढ़इयों कुम्हारों तांबागरों पत्थर काटने वालों ईंट बनाने वालों सुनारों और लुहारों द्वारा निर्मित हैं
और मैक्समूलर जैसे कुछ ऋग्वेदविदों की तरह इस बात पर भी विश्वास करने को मन करता है कि ऋग्वेद की ऋचाएँ भी शिल्पकारों गड़रियों बंजारों और चरवाहों की रची हुई हैं जिन्हें कालांतर में लूट के माल की तरह आर्य ऋषियों ने आपस में बाँट लिया
जिन्हें हम मंत्रदृष्टा ऋषि कहते हैं!

95

हैं कुछ ख़राबियां मेरी तामीर में ज़रूर
सौ मर्तबा बना के मिटाया गया हूँ मैं!
आज हिन्दनामाकार को मीर के रंग में सराबोर उर्दू के अद्‌भुत कवि आसी का यह शे'र याद आया
पर आसी किसी एक रंग के कवि नहीं थे। वे मीर से दाग़ से लेकर हर रंग के कवि थे। फिर तो आसी का यह शे'र भी याद आया :
हज़ारों नग़मये-दिलकश मुझे आते हैं ऐ बुलबुल
मगर दुनिया की हालत देखकर चुप हो गया हूँ मैं
और यह भी आसी ने कहा :
रंगे-निशात देख मगर मुतमइन न हो
शायद कि यह भी हो कोई सूरत मलाल की
आसी की शाइरी में
इस महादेश की धूल उड़ती थी
हिन्दनामाकार उर्दू के महाकवि आसी को प्रणाम निवेदित करते हुए उन्हें ससम्मान अपनी किताब में दर्ज करता है!

96

आर्य ईरान से आए
मध्येशिया से ग्रीस से यूनान से
जर्मनी से या वे टपके थे आसमान से
या वे यहीं के थे
क्या वे चले गए थे
और अब लौट रहे थे
हालांकि देवों और असुरों
दिवोदासों और जलन्धरों के दुर्धर्ष संघर्षों का विस्तृत वर्णन मिलता है
फिर भी आर्य समावेशी थे
आर्य आक्रांता भले न हों
उत्पाती ज़रूर थे!

97

आग ने हमें बसना सिखाया
ऋग्वेद में अग्नि को दस बहनों का पुत्र बताया गया है :

दस स्वसारो अग्रुव: समीची
पूमांसं जातमभि संरभंते! (263:13)
[हाथों की दस अंगुलियाँ दस बहनें हैं। उन्हें जब अग्नि नामक पुत्र की प्राप्ति हुई तो वे प्रसन्न हुईं!]

अपनी दस अंगुलियों से हम अरणि समिधा औषधि नामक काष्ठ-खंडों को घिसकर अग्नि को प्राप्त करते थे
घरों में झोंपिड़यों में खड्डा खोदकर अग्नि को सुरक्षित रखने की विधि ऋषि आंगिरस ने खोजी
घर-घर में अग्नि-कुण्ड थे
राख उड़ने वाली दिशा में हमारे घर थे!

98

वासना विनष्ट हुई
लालसा लुप्त
अब मैं
तुम्हारी तरफ़ आता हूँ
ओ मेरे महादेश!

99

यह महादेश एक जादू का पिटारा था
इतिहासकार कीथ की मान्यता थी कि वैदिक यज्ञ जादुई तत्त्वों से भरपूर थे
सारे वैदिक यज्ञ-याग जादुई कर्मकांड हैं
बहुत सारे जादुई-संस्कारों अनुष्ठानों और स्तुतियों से लबालब
अथर्ववेद तो जैसे जादू की किताब हो
टूटी हड्डी जोड़ने का जादू
विरोधियों को ठिकाने लगाने का जादू
अच्छी फसलों और वर्षा के लिए जादू
बांझपन दूर करने के लिए जादू
ज्यार्ज थामसन का कहना है कि
जादू का सिद्धांत भ्रम पर आधारित है
ऐसा आभास और अनुकरण कि लगे कि हम वास्तविकता को छू रहे हैं
ज्ञान जहाँ समाप्त होता है
जादू वहीं से शुरू होता है
यह देश जादूगरों का देश था!

100

जिन्न और प्रेतों की नगरी दिल्ली
उचित ही इस महादेश की राजधानी थी
कितनी बार उजड़ी
कितनी बार बसी
कितने क़त्ले-आम
कितना ख़ून-ख़राबा
ख़ूनी दरवाज़े पर लटके नर-मुण्डों से
आज तक लहू टपकता है
दिल्ली सिर्फ़ देश की नहीं
प्रेतात्माओं और जिन्नातों की भी राजधानी थी!

101

महाभारत जैसे युद्ध-काव्य में एक शान्तिपर्व भी है जिसमें यह श्लोक लिखा हुआ है :

न वै राज्यम् न राजासीन्न च दण्डो न दण्डिना:
धर्मेनैव प्रजा सर्वा रक्षन्तिस्म परस्परम्!
[कृतयुग में न तो राज्य था न राजा था न दण्डविधान था और न दण्ड देने वाला। सब मनुष्य परस्पर एक-दूसरे की रक्षा करते थे!]

इस युग में राज्य भी है
राजा भी
दण्डविधान भी है
और दण्ड देने वाला भी
और हम एक-दूसरे से पर्याप्त नफ़रत करते हैं
युद्धम परस्परम्!

102

न कहीं अवतार है न ईश्वर न स्वर्ग न नरक। सारा धार्मिक-साहित्य अहंकारी मूर्खों की करतूत है। विष्णु और एक कुत्ते में कोई अंतर नहीं है!

प्रसिद्ध मानवतावादी विचारक एम.एन.रॉय ने अपनी प्रसिद्ध पुस्तक 'मैटीरियलिज्म' में एक श्वसनवेद नामक उपनिषद का उल्लेख किया है जिसमें उक्त विचार व्यक्त किए गए हैं

इसके अतिरिक्त बौद्ध और जैन ग्रंथों में कोई बासठ विपथगामी विचारकों के नाम गिनाए गए हैं जिनमें प्रमुख पूरन कास्सप मखलि गोसाल अजित केशकम्बलि पकिध कच्चायन निगण्ठ नतपुत्त और संजय वेलथिपुत्त थे। ये सभी विचारक दलित और दस्तकार वर्ग से आते थे और आजीवक कहलाते थे

अजित केशकम्बलि का कहना था :

मरणोपरांत कोई दूसरा जीवन नहीं होता। आत्मा भी शरीर का हिस्सा है। चार व्यक्ति शव को अर्थी पर लेकर चलते हैं। वे श्मशान तक मृतक के बारे में गप्पें लड़ाते हैं। जलने के बाद मृत व्यक्ति की अस्थियाँ कपोत के पंखों के रंग की हो जाती हैं और यज्ञ राख में बदल जाती है

सारे आजीवक ब्राह्मणवाद और कर्मकांड विरोधी थे

जैन-साहित्य तो पग-पग पर मखलि गोसाल की निंदा से भरा हुआ है और यदि आजीवक नहीं होते तो सम्भवत: बुद्ध भी नहीं होते!

103

कुछ मर कर भी जीवित थे
कुछ जीते-जी मर गए थे
कुछ को सचमुच मार डाला गया था
और ऐसे कवियों की संख्या भी असंख्य थी
जिन्हें पुरस्कार देकर मार डाला गया था
इस महादेश में कविता लिखना
जीवन-मरण का प्रश्न था!

104

भौतिकवाद को संस्कृत में लोकायत कहा जाता था
और भौतिकवादियों को लोकायतिक
अथवा चार्वाक
अपनी बातों से मंत्र-मुग्ध कर देने वाले चारु-वाक्
इस देश के प्रथम लोकायतिक आचार्य बृहस्पति थे
जिन्होंने ऋग्वेद-काल में ही कह दिया था कि
पदार्थ ही प्राथमिक है
भारतविद् मैक्समूलर को इस बात का आश्चर्य था कि भारत जैसे आध्यात्मिक और आदर्शवादी देश में भोगवादी दार्शनिकों की कोई कमी नहीं थी
लोकायत के मूलग्रंथों और उनकी टीकाओं को नैतिकतावादियों ने विलुप्त कर दिया या जला दिया फिर भी इस देश में चार्वाकों के सिद्धान्तों की लोकप्रियता में कोई कमी नहीं आई
आचार्य बृहस्पति की स्पष्ट मान्यता थी कि अग्निहोत्र-कर्मकांड तीन वेद त्रिदंड और भस्म-लेपन उन लोगों की जीविका का साधन है जिनमें बुद्धि और शक्ति का अभाव है
ऋण लेकर घृत पीने वालों की
इस महादेश में किसी भी काल में कोई कमी नहीं रही!

105

मूले मूलाभावादमूलं मूलं! (सांख्यसूत्र) 1:68
[मूल में मूल का अभाव होने से मूल अमूल है!]

सांख्य दर्शन के प्रणेता कपिल ऋषि का कहना था :
सत कार्यम् असत अकारणाथ: अर्थात जो भी मौजूद है उसका कारण है
अकारण कुछ नहीं
संसार में एक परम् प्रकृति को छोड़कर सभी वस्तुएं किसी न किसी का रूपांतरण हैं
जिसे प्रमाणित नहीं किया जा सके वह नहीं है
जैसे ईश्वर
जर्मन दार्शनिक हाइनरिख जिम्मर का कहना है कि सांख्य दर्शन विश्व का प्रथम वैज्ञानिक दर्शन है
जहाँ अस्तित्व का मनोवैज्ञानिक विश्लेषण उपलब्ध है
और भारतीय दार्शनिक राधाकृष्णन का कहना था कि सांख्य वेदों का प्रत्यक्ष विरोध नहीं करता बल्कि वेदों की जड़ें खोदने का ख़तरनाक तरीका अपनाता है
गौतम बुद्ध सांख्य से प्रभावित ही नहीं थे
अपितु यह कहना चाहिए कि
बौद्ध धर्म सांख्य-दर्शन का रूपांतरण था
इतिहास प्रसिद्ध बौद्ध-नगर कपिलवस्तु
सांख्य दार्शनिक कपिल को बौद्धों की श्रद्धांजलि थी!

106

पक्षियों का कलरव
हमें जगाता था
जिसमें मन्दिरों की घण्टियों
और मस्जिदों की अजानों की आवाज़ें मिली होती थीं
एक आवाज़ों का मिला-जुला ऑर्केस्ट्रा था
जिसका प्रथम-शो भोरे-भोर शुरू हो जाता था
यह महादेश एक महारंगमंच था!

107

शताब्दियों पुराना था अत्याचार
अन्याय और अनाचार
कब तक कोई बर्दाश्त कर सकता है
सहने की भी एक हद होती है
फिर भी हम बर्दाश्त किए जाते थे
जिन्हें छीलनी चाहिए थी घास
हमने ऐसे निकृष्ट शासकों लालची कवियों
और बिके हुए बुद्धिजीवियों को बर्दाश्त किया
इस महादेश की सहिष्णुता-सहनशीलता के चरचे
सात आसमानों में थे!

108

हर रोज़ हर घड़ी
फासीवाद का अधिनायकवाद का
तानाशाही और हिटलरशाही का इन्तज़ार करते
इस देश के कथित बुद्धिजीवी
इस देश को नहीं पहचानते हैं
वे इस महादेश की मिट्टी की तासीर को
नहीं जानते हैं
जहाँ कोई ग्वाला कोई गौपालक
कोई कृषक कोई श्रमिक कोई कामगार
किसी भी चक्रवर्ती के रथ को
रोककर खड़ा हो जाता है
यह महादेश दुनिया का प्रथम गणतंत्र था
और कदाचित् अंतिम भी!

109

वास्को द गामा 1498 में
मलाबार समुद्र तट पर उतरा
इसके बाद तो पुर्तगाली डच फ्रांसीसी और ब्रिटिश व्यापारियों की इस महादेश में कतार लग गई और जहाँगीर के शासन काल में योरोपीय कम्पनियों को भारतीय धरती पर मालगोदाम और कारख़ाने खोलने की इजाज़त मिल गई
यह कैसे हुआ कि भारत पर अंग्रेज़ों का आधिपत्य कायम हो गया
यह सवाल कार्ल मार्क्स भारत पर लिखी अपनी किताब 'दि फ़्यूचर रिजल्ट्स ऑफ़ ब्रिटिश रूल इन इंडिया' में पूछते हैं फिर ख़ुद ही इस सवाल का जवाब देते हैं :
महान मुगल सत्ता को मुगल सूबेदारों ने खोखला कर दिया। सूबेदारों की शक्ति को मराठों ने नष्ट कर दिया। मराठों की ताक़त को अफ़गानों ने ख़त्म किया
और जब सब एक-दूसरे से लड़ रहे थे तो अंग्रेज़ घुस आए और सबको कुचल कर ख़ुद स्वामी बन गए
आगे कार्ल मार्क्स लिखते हैं :
एक देश जो न केवल हिन्दू मुसलमान बल्कि कबीलों और वर्णों में विभाजित था एक ऐसा समाज और देश जो अपने विरोधाभासों और अलगावों पर आधारित हो
ऐसा देश क्या दूसरों द्वारा विजित होने के लिए ही नहीं बनाया गया था?

110

सरस्वत्यभि नो नेषि वस्यो माप स्फरी:
पयसा मा न आ धक्
जुषस्व न: सख्या वेश्या च मा
त्वत्क्षेत्राण्यरणानि गन्म! (ऋग्वेद) 6:61:14

[हे सरस्वती, हमें धन-धान्य से भरपूर करो, हमें अपने जल से वंचित मत करो, हमें दूर मत करो, हमारी मित्रता और भक्ति स्वीकार करो। हम तुम से दूर अरण्य में न जाएँ!]

यह महादेश धन-धान्य से भरपूर था
धान ही हमारा धन था
और सोम हमारा ऐश्वर्य

सोममन्य उपासदत्पातवे चम्वो: सुतं
करम्भमन्य इच्छति! (ऋग्वेद) 6:57:2

[एक पीने के लिए दो घड़ों में छाने हुए सोम के पास बैठता है और एक सत्तू चाहता है!]

111

भारत में पहली रेलवे-लाइन 1853 में बिछाई गई
ब्रिटिश मिलमालिकों ने कपास कोयला लोहा और कच्चा माल आसानी से प्राप्त करने के लिए इस महादेश को रेलवे की पटरियों से जोड़ दिया
इस पर कार्ल मार्क्स ने लिखा :
अब वे भारत में रेलों का जाल बिछा देना चाहते हैं और वे बिछा देंगे लेकिन इसका परिणाम क्या होगा वे नहीं जानते
जब आप किसी देश में आवागमन के लिए मशीनों का इस्तेमाल शुरू कर देते हैं तो फिर उस देश को मशीनें बनाने से आप रोक नहीं सकते इसलिए रेल व्यवस्था भारत में आधुनिक उद्योग की अग्रदूत बन जाएगी और रेल और उद्योग धंधे भारत के उस पुश्तैनी श्रम और वर्ण विभाजन को भंग कर देंगे जो भारत की उन्नति में बाधक हैं
कार्ल मार्क्स का कहना सही था वही हुआ और कालांतर में अंग्रेज़ों की उसी रेलगाड़ी के तीसरे दर्जे में भारत-भ्रमण करके मोहनदास करमचन्द गांधी नामक अफ्रीका-पलट एक गंधिक ने इस महादेश में आज़ादी की ख़ुशबू फैला दी
अंततः ब्रिटिश साम्राज्य इस महादेश में अपनी ही चलाई हुई रेलगाड़ी से कुचल कर मर गया!

112

नारियल ख़ास हिन्दुस्तानी दरख़्त था
भारतवर्ष के समुद्र तटों पर सौ कोस तक
नारिकेल के पेड़ गर्व से सिर उठाए आकाश से बातें करते थे
सफ़ेद फूलों वाले ये लम्बोतर पेड़
कोई लाल कोई हरा कई मिले-जुले रंग के
मीठे जल से भरा हुआ एक अमृत-फल
इसके पत्तों की चटाई बनती थी
पत्तों की सींकों से झाड़ू
फल की जटाओं से मज़बूत रस्से
और नारियल के खण्डित-खोपड़ों से
प्याले और हुक्के बनते थे
और इससे मद्यपों के लिए ताड़ी बनती थी
इसका मीठा जल और गिरी हृदय हितकारी और वीर्यवर्द्धक थी
आयुर्वेद में जिसे दाहनाशक फल कहा गया
भारत और बर्मा के द्वीप ही नारिकेल के आदि-स्थान थे
अति प्राचीन ग्रंथों और कथासरित्सागर में नारिकेल-द्वीप का वर्णन था
इस महादेश में हर कार्य की शुरुआत
नारियल फोड़ कर की जाती थी
किसी पत्थर पर नारियल को खण्डित होते देखना
एक विलक्षण और जादुई अनुभव से गुज़रना था
एक चटाक की तेज़-तीखी ध्वनि
और बरसती हुई वह अमृत-धार
चटाक!

113

मुझे सन्देह है कि
कावेरी से प्राचीन पवित्र और स्वच्छ
कोई दूसरी नदी इस पृथ्वी पर होगी
गंगा में धुलते होंगे पाप
पर कावेरी गंगा की तरह
पाप की धोबन नहीं थी
यह पुण्य प्राचीन पवित्र नित्य नवीन निराली नदी थी
जिसकी लहरें रह-रह कर
टीपू सुल्तान की तलवार की तरह
चमकती रहती थीं!

114

इस महादेश के लोग
पहले धोती पहना करते थे
पाजामा इसमें कब शामिल हो गया
इस बारे में निश्चित कुछ नहीं कहा जा सकता
पाजामे को सुथना तमान और इजार भी कहा जाता था
पाजामे के भी कई भेद होते थे
एक तो चूड़ीदार
चूड़ीदार में भी आड़ा और खड़ा
एक बरदार जो बराबर चौड़ा होता था
एक अरबी
एक बराबर मोहरी वाला पतलूननुमा
एक कलीदार जनाना पाजामा
एक पेशावरी एक नेपाली
पाजामा चूंकि फ़ारसी लफ़्ज़ है
इसलिए इतिहासकारों का यह अंदाज़ा है कि
यह मुसलमानों के साथ हिन्दुस्तान आया
अब तो यह कल्पना भी मुश्किल है कि
पहाड़ी प्रदेश के लोग और घोर जाड़े के दिनों में इस महादेश के लोग
पाजामे के बिना कैसे काम चलाते थे!

115

यदा दीध्येनदविषान्येभि: परायदभ्यो
वहीये सखिभ्य:
न्युप्ताश्च वभ्रवो वाचमक्रतं एमीदेषान्
निष्कृतं जारिणीव! (ऋग्वेद) 10:34:5

[रोज़ सोचता हूँ कि अब इन अक्षों से नहीं खेलूँगा पर मित्र जुआरियों की याद आती है और भूरे रंग के पासों की खनखनाहट सुनकर किसी जारिणी की तरह संकेत-स्थल/जुआ-घर तक पहुँच जाता हूँ!]

रोज़ सोचता था
आज नहीं लिखूँगा हिन्दनामा
लेकिन शाम ढलते-ढलते
तरल-गरल में बहते-बहते
अपने भारत की खोज में निकल पड़ता था
यह महादेश एक विशाल जुआ-घर था!

116

दरिया दौलत बाग़
अर्थात समुद्र की सम्पदा
1784 में श्रीरंगपटनम में निर्मित यह बाग़
टीपू सुलतान का ग्रीष्मकालीन आवास था
जिसके सामने रखी पत्थर की यह तोप
जिस पर इस वक़्त बैठकर मैं
विकट-वीर महान-देशभक्त रण-नीतिकार
और दुनिया के प्रथम मिसाइलमैन
टीपू सुलतान का नाम पूरे सम्मान के साथ
हिन्दनामा में दर्ज करता हूँ
यह एक जाती हुई शाम थी
जब कावेरी नदी की कल-कल पर
पक्षियों का कलरव गिरता था!

117

जो लिखकर मिटाता है
उसने इस सृष्टि के रहस्य को जान लिया
लिखि के मेटे सो सोई जाने
वह आदि ओंकार की ध्वनि
सृष्टि और प्रलय
वह प्रथम नव स्पंद
जो कभी पुराना नहीं होता
बनारस के एक जुलाहे ने
अच्छी तरह कूट-पीस कर
अच्छी तरह कपड़छान कर
इस महादेश की सम्पूर्ण मनीषा का सार व्यक्त किया था
तब से हरि पाछे फिरें
कहत कबीर कबीर!

118

1770 के भयंकर दुर्भिक्ष ने
बंगाल-बिहार की एक तिहाई आबादी को लील लिया था
और क्या विचित्र संयोग है कि 1770 से ही इंग्लैंड की औद्योगिक क्रांति की शुरुआत हुई
एक अमेरिकी इतिहासकार ब्रुक एडम्स किंचित तंज़ से लिखता है :
बंगाल को इस बात का गर्व होना चाहिए कि उन्होंने इंग्लैंड की औद्योगिक क्रांति को जन्म दिया
प्लासी की लड़ाई 1757 में हुई जिसमें कोई डेढ़ करोड़ का माल लूटकर अंग्रेज़ मुर्शिदाबाद से कलकत्ते ले गए थे चाँदी और सोने के सिक्के अशर्फियाँ सोने की सिल्लियाँ रत्नजड़ित आभूषण नगीने इत्यादि 75 नावों में भरकर कलकत्ते भेजे गए थे
इसके बाद ही बंगाल-लूट का माल लंदन जाने लगा
1760 को क्लाइव ख़ुद करोड़पति बनकर और बंगाल-बिहार को कौड़ियों के मोल ख़रीदकर लंदन रवाना हुआ
इसके बाद इंग्लैंड में 1760 में फ्लाइंग शटल बनाई गई 1768 में वाट ने भाप के इंजन का अविष्कार किया और 1776 में क्रॉम्पटन ने कातने की मशीन का पेटेंट कराया
ब्रिटिश-साम्राज्यवाद औद्योगिक-क्रांति और बंगाल-लूट के जनक जिस क्लाइव की मूर्ति लंदन के इंडिया हाउस के बाहर लगी हुई है उसने अपनी गर्दन पर छुरी फिराकर आत्मघात कर लिया था!

119

इक पीत पटा इक लंब जटा
इक सूत जनेऊ तिलक ठटा
इक जंगम कही ऐ भसम घटा
जउलइ नहीं चीनै उलटि घटा
तब चरपट सगले स्वांग नटा!
[पीत-वस्त्र लम्बी-जटा सूत-जनेऊ तिलक-भस्म से कुछ नहीं होने वाला और इस स्वांग से मृत्यु की काली-घटा को पलटा नहीं जा सकता!]

मृत्यु की काली-घटा को
चर्पटीनाथ भी नहीं पलट पाए
लेकिन मृत्यु को परास्त करने के
उस रसायनज्ञ-जोगी के हौसले को भुलाया नहीं जा सकता जो नाथ-सम्प्रदाय में गोरखनाथ के बाद हुए थे
यह महादेश पाखण्ड की ही नहीं
पाखण्ड-विरोध की भी धरा थी!

120

गर तू है लक्खी बंजारा
और खेप भी तेरी भारी है
लेकिन तुझ से भी बढ़-चढ़कर
एक और नया ब्यौपारी है
लक्खी बंजारे की कतारें लूट ली गईं
अब इस देश में
एक नया विश्व-बाज़ार था
जहाँ नफ़रत के सौदागर
दुकान सजाकर बैठे हुए थे!

121

जितनी बार यह दुनिया भस्मसात् हुई
राख के ढेर में तब्दील हुई
उतनी बार
हमने अपना चिमटा वहीं गाड़ा
और भस्मन् को भासमान किया
ऐसी-ऐसी विभूतियाँ
इस महादेश में रहती थीं!

122

नगरे बाहिरैं डोम्बि तोहारि कुड़िया
छोई छोई जाइ सो ब्राम्ह नाडिया
आलो डोम्बि तोये संग करिबे म साँग
निघ्घन कान्ह कापालि जोइ लाँग
एक सौ पद्मा चौषट्टी पाँखड़ी
तहि चड़ी नाचअ डोम्बि बाबड़ी!

बौद्ध भिक्षु और कवि कृष्णपाद महासुखराज-सुन्न-स्थिति का मंत्र-मुग्ध-मनोहर वर्णन करते हुए नाड़ी को डोमनी और चित्त को ब्राह्मण कहकर एक अपूर्व रूपक रचते हैं : डोमिन तुम्हारी कुटिया नगर के बाहर है छुआछूत के डर से ब्राह्मण मारा-मारा फिरता है लेकिन चाहे तुम नगर के बाहर रहो कापालिक कृष्ण तुम्हें छोड़ेगा नहीं
कमल की चौसठ पँखड़ियों पर चढ़कर डोमन नाच रही है
सरहपाद ने इसी महासुखराज के बारे में लिखा :

आइण अंतण मज्झ णउ
णउ सो परम महसुह
णउ पर णउ अप्पाण!
[आदि न अंत न मध्य न अपना ध्यान न पराए का न यह जन्म न मोक्ष न निर्वाण!]

एक ऐसा अपूर्व ध्यान अथवा शून्य
जिसके सामने बुद्ध को भी वचन-दरिद्र अर्थात ख़ामोश हो जाना पड़ा

वचनदरिद्रो बभूव सर्वज्ञः!

123

स्त्रियों का सामूहिक रुदन सुनाई देता था
रंग-बिरंगे चिथड़े हवा में उड़ते थे
अपने क़ाफ़िले से बिछुड़ा हुआ एक ऊँट
बलबलाता पछाड़ खाता था
उस दिन मैं इतिहास प्रसिद्ध
रेशम-मार्ग से गुज़रता था!

124

कौन ठग कहता है
कि ठगों का उन्मूलन हो गया
ठगी आज तक
इस महादेश का प्रमुख व्यवसाय था!

125

इस महादेश में लाखों करोड़ों लोग बेघर थे
फ़ुटपाथ ही उनका घर था
जबकि लुटेरे समुद्र किनारे
बहु-खण्डीय इमारतों में रहते थे
ग़रीबी उनके लिए एक नृत्यांगना थी
जो हर शाम उनके लिए रक़्स करती थी!

126

मुसाफ़िर थक गया है
विश्राम चाहता है
क्या आसपास होगी कोई सराय
कोई धर्मशाला
या घनी-छाँव वाला कोई वट-वृक्ष
क्या सूख चले कंठ को मिलेगा मीठा-पानी
सुनने को कोई किस्सा कोई कहानी
मुसाफ़िर थक गया है!

127

उठ गईं शाइरी की दुकानें
उनके तो बन गए हैं अफ़साने
छलछलाते हुए वे मैख़ाने
मय में डूबे मदिर वे मस्ताने
शहर के बीच में थे वीराने
जीन्स पहने हुए थे दीवाने
होश होता तो समझते बातां
यूँ तो आए थे लोग समझाने
जाने क्यों आज लग रहा ऐसा
काश होता अगर तू सिरहाने
अब तो जाता हूँ मैक़दे से मीर
फिर मुलाक़ात होगी कब जाने
मुल्क सिर पर उठाए फिरता था
जब मरा तो बचे थे कुछ पाने!

128

पहले हम पाप करते थे
फिर उनका प्रक्षालन करते थे
और धूप में सूखने के लिए डाल देते थे
अगले दिन हम उन्हें फिर पहनते थे
और फिर पाप करते थे
कभी-कभी हम पुण्य भी करते थे
लेकिन हम उसे किसी दरिया में बहा देते थे!

129

धौला-कुआँ से आते हुए आज
मेट्रो में मीर मिल गए
या उनकी तरह के एक स्थविर
ख़ुदा-ए-सुख़न
सहसा मेरे मुँह से निकल पड़ा
उन्होंने हैरत से मेरी तरफ़ देखा और कहा :
क़ातिलों की शिनाख़्त जीते-जी ज़रूरी है
शाइर मरने के बाद पहचाने जाते हैं
वे राजीव-चौक पर उतर गए
उनको शायद चाँदनी-चौक जाना था
मैं उनका जाना देखता रहा!

130

कुछ होने वाला है
कुछ अनिष्ट होने वाला है
अफ़वाहों से बाज़ार गर्म थे
शहरों में अफ़रा-तफ़री थी
नागरिक आशंकित थे
जानवर भयभीत
टेलीविज़न पर रक्त-पात था
और इस महादेश के अख़बार
बुरी ख़बरों से भरे हुए थे!

131

अलविदाअ अलविदाअ अलविदाअ
अपने बन्धु-बाँधवों मुसलमानों गैर मुसलमानों का समान रूप से क़त्ल करवाने वाला आलमगीर औरंगज़ेब अपनी अंतिम वसीयत में लिखता है : बुढ़ापा आ गया कमज़ोरी ज़्यादा हो गई। इन्द्रियां शिथिल हो गईं। दुनिया में यगाना आया था और बेगाना जा रहा हूँ। मैं किसी क़ाबिल नहीं रहा। जो दम इबादत के बग़ैर गुज़रा उसका अफ़सोस है। क़ीमती उम्र जाया हो गई। हुकूमत और रैयत-परवरी मुझसे न हो सकी। जिंदगी स्थायी नहीं। मैं अपने साथ कुछ नहीं लाया लेकिन गुनाहों का बोझ साथ ले जा रहा हूँ। अगरचे अल्लाहताला के लुत्फ़-ओ-करम से उम्मीद है लेकिन अपने दुष्कर्मों को देखते हुए डर लगा रहता है
अनलहक़ का उद्घोष करने वाले उच्चकोटि के सूफ़ी फ़क़ीर सरमद और गुरु तेगबहादुर का क़त्ल करवाने वाला औरंगज़ेब अपने ख़र्च के लिए क़ुरआन की नक़्लें लिखता था टोपियाँ बनाता था और रात-बिरात मज़दूरी भी करता था
इस महादेश में ऐसे-ऐसे बादशाह हुए हैं!

132

नालंदा विश्वविद्यालय
अब खण्डहर था
एक अनमोल धरोहर
पृथ्वी का पवित्रतम भू-खण्ड
मनुष्य-मेधा का प्राचीनतम मरकज़
पांडुलिपियां जलाई जा सकती हैं
ज्ञान नहीं जो स्वयं प्रकाशित है
ज्ञानाग्नि को जलाया न बुझाया जा सकता है
आग को आग नहीं लगाई जा सकती
यही नालन्दा का सन्देश था!

133

बादशाहत पर सिर्फ़ बादशाहों का हक़ नहीं था
एक साधारण सिपाही परिवार में पैदा होकर फ़रीद नामक एक बहादुर मुग़ल बच्चे ने हिन्दुस्तान की बादशाहत तक का सफ़र पूरा किया
दुनिया उसे शेरशाह सूरी के नाम से जानती है जिसने सहसराम रोहतास और चुनार के क़िलों को जीतने के बाद हुमायूँ को खदेड़कर आगरा और दिल्ली पर क़ब्ज़ा किया और जिसे अकबर से पूर्व के सभी मुग़ल बादशाहों में सर्वाधिक सुयोग्य न्यायप्रिय कुशल और धर्मनिरपेक्ष शासक माना जाता है
शेरशाह ने इस महादेश को सैंतालीस भागों में विभक्त कर शासन-व्यवस्था मज़बूत की और इनके प्रबन्ध के लिए सरदार शिकदार अमीन ख़जांची मुंसिफ़ मुकद्दम चौधुरी नम्बरदार पटवारी आदि की नियुक्ति की और इस महादेश को चार सड़कों से जोड़ दिया
एक सबसे लम्बी सड़क बंगाल से पेशावर तक
जिसे आज ग्रांट ट्रंक रोड के नाम से जाना जाता है
दूसरी आगरे से बुहरानपुर तक
तीसरी आगरा से मारवाड़ वाया बयाना
और चौथी लाहौर से मुल्तान तक
और इन सड़कों के किनारे छायादार वृक्ष लगवाए और हर चार कोस पर सराय बनवाई हर सराय पर सूचना और आवागमन के लिए दो-दो घोड़े नियुक्त किए और ऐसे घोड़ों की संख्या चौंतीस हज़ार थी
शेरशाह परोपकारी धार्मिक सेवाभावी शिक्षा-प्रेमी और विद्या-व्यसनी था जिसने अनेक औषधालय पाठशालाएँ पनशालाएँ स्थापित कीं वह निर्धन छात्रों को छात्रवृत्ति देता था और उसके भोजनालयों में हज़ारों व्यक्ति हर रोज़ भोजन प्राप्त करते थे
शेरशाह सूरी का यही भोग-विलास था

और यही रंगरेलियाँ थीं
ग्रांट ट्रंक रोड से गुज़रते हुए आज भी लोग शेरशाह सूरी को याद करते हैं
और कृतज्ञता से भरकर यह मंत्र दुहराते हैं :
हर छाँह हर राह
शेरशाह शेरशाह!

134

गर मुसीबत थी तो ग़ुरबत में उठा लेते असद
मेरी देहली में ही होनी थी यह ख़्वारी हाय हाय
जश्ने-ग़ालिब मनाने वाले जश्न-ख़ोरों को शायद पता नहीं कि ग़ालिब के पूरे जीवन में जश्न का कोई औसान नहीं था उनका पूरा जीवन सतत विपदा यातना और दुख का पर्याय रहा
ग़ालिब पर गर्व करने वाले दिल्लीवालों को शायद यह भी पता नहीं था कि दिल्ली में ग़ालिब का अपना कोई घर नहीं था और वे आजन्म दिल्ली में किराए के मकान में किसी मुहाजिर की तरह रहे
जश्ने-ग़ालिब औ' मीर का मातम
आओ मिल-जुल के मनाएँ हम-तुम!

135

अल्लाउद्दीन ख़िलजी चित्तौड़-विजय के पश्चात् अनिंद्य-सुंदरी पद्मिनी को प्राप्त करने के लिए जब क़िले में प्रविष्ट हुआ तो वहाँ ख़ाक उड़ रही थी एक भी जीवित मनुष्य दिखाई नहीं पड़ रहा था और पद्मिनी क़िले की कोई तेरह हज़ार स्त्रियों के साथ अग्नि-कुण्ड में जलकर भस्म हो चुकी थी

जौहर या सती-प्रथा इस महादेश में कब और क्यों शुरू हुई ठीक-ठीक कुछ कहा नहीं जा सकता इब्नबतूता अपनी भारत-यात्रा में सती-प्रथा का आँखों-देखा वर्णन करते हुए लिखता है :

तीनों स्त्रियों ने तीन दिन तक ख़ूब खाया गाया बजाया मानो संसार से विदा हो रही हों। इनके पास स्त्रियों का जमघट लगा रहता था। चौथे दिन तीनों श्रृंगार करके सुगन्ध लगाकर घोड़ों पर सवार हो गईं। इनके दाहिने हाथ में नारियल और बाएँ हाथ में दर्पण था जिसमें ये अपना मुख देख रही थीं। भीड़ आगे-आगे नगाड़े और नौबत बजाती चल रही थी। घाट पर पहुँचकर इन स्त्रियों ने कुण्ड में डुबकी लगाई वस्त्र-आभूषण उतारकर मोटी धोती पहनी। फिर कुण्ड के पास अग्नि दहकाई गई सरसों का तेल डालने पर अग्नि की प्रचण्ड शिखाएँ निकलने लगीं। फिर तीनों स्त्रियां उस अग्नि में कूद गईं। नगाड़े ढोल शहनाई और नौबत बजने लगे। उन पर लकड़ियाँ डाल दी गईं और लोग चिल्लाने लगे

आगे इब्नबतूता लिखता है :

मैं यह हृदय-विदारक दृश्य देखकर मूर्छित हो कर घोड़े से गिरने ही वाला था कि मुझे मित्रों ने सम्भाल लिया और मुँह पानी से धुलवाया

फ़ारसी का महाकवि शेख़ सादी जलती हुई स्त्रियों को देखकर मूर्छित नहीं हुआ बल्कि उसे इसमें एक उदात्त भावना और सौंदर्य नज़र आया :

चूंज़ने हिन्दीकसे दर आशिक़ी मर्दान: नेस्त
सोख़्तनवर शमअ मुर्दन कारे हरपरवान: नेस्त!

[प्रेम के मामले में हिन्द की औरतों के बराबर कोई नहीं। बुझी हुई शमा पर जल मरने का सामर्थ्य हर परवाने में नहीं होता!]

कालांतर में जब स्त्रियों ने सामाजिक दबाव या कथित स्वेच्छा से अनुष्ठानपूर्वक जलना बंद कर दिया तब हम उन्हें जला कर मारने लगे क्योंकि हमारे लिए अग्नि से पवित्र कुछ नहीं था!

136

एक भी मोची ख़ाली नहीं था
एक भी हज्जाम को फ़ुरसत नहीं थी
एक भी बढ़ई बेकाम नहीं था
इमारतसाज़ बिजलीसाज़ मोटरसाज़
सब अपने-अपने काम में व्यस्त थे
बड़ी-बड़ी मशीनों के बावजूद
कुम्हार का चाक घूम रहा था
बुनकर का करघा चल रहा था
लोहारों की भट्टियाँ सुलग रही थीं
राष्ट्रपति और प्रधानमंत्री से मिलना सुगम था
लेकिन किसी प्लम्बर का मिलना मुश्किल
काम की कोई कमी नहीं थी
सिर्फ़ काम करने वाले कम होते जाते थे
जितने भी हुनरमंद थे
पढ़-लिख कर बेरोज़गार होते जाते थे
यह महादेश विद्वानों के भरोसे नहीं
कामगारों के भरोसे चल रहा था!

137

आख़िरकार महमूद ग़ज़नवी ने सोमनाथ मन्दिर को घेर लिया
महमूद ग़ज़नवी का हिन्दुस्तान पर यह 17वाँ और अंतिम आक्रमण था उसे बताया गया था कि सोमनाथ में हीरे जवाहरात चाँदी सोना इत्यादि अपार सम्पदा मौजूद है
सोमनाथ की रक्षा में तैनात हिन्दू-सैनिक आश्वस्त थे और हँसी-ठठ्टा कर रहे थे और ग़ज़नवी की सेना का मज़ाक उड़ा रहे थे उनकी मान्यता थी कि सोमनाथ की शक्ति से कोई नहीं टकरा सकता और थोड़ी ही देर में ये सब नष्ट हो जाने वाले हैं उन्हें सोमनाथ की पताका पर भरोसा था
तभी सोमनाथ की पताका झुकने लगी हिन्दू-सैनिक भाग गए या मार डाले गए
सोमनाथ की मूर्ति जड़वत् खड़ी रही फिर उसे भी तोड़ डाला गया

उसके फ़रोगे-हुस्न से झमके है सबमें नूर
शम्मे-हरम हो या कि दिया सोमनात का

लेकिन उस दिन सोमनाथ के दीये का नूर बुझ गया और महमूद ग़ज़नवी अपार सम्पदा के साथ इस देश से ख़रामा-ख़रामा निकल गया और हम किसी दैवीय चमत्कार की प्रतीक्षा करते रहे!

138

शमशीरो-सनाँ अव्वल ताउसो रुबाब आख़िर

इस महादेश में इस्लाम की आवाजाही प्राय: इस्लाम के उद्गम से ही कमो-बेश रही है

कभी कोई सूफ़ी
कभी कोई लुटेरा
कभी कोई फ़क़ीर
कभी कोई ब्यौपारी

जैसे भी फैला हो इस्लाम पूरी दुनिया में फैला पर यह महादेश इस्लाम को बहुत रास आया इस्लाम यहाँ की मिट्टी में रच-बस गया इस्लाम की रूह को यहाँ की आबो-हवा में चैन मिला और सुकून हासिल हुआ और अल्लामा इक़बाल जैसा इस्लाम का ओजस्वी गायक इस महादेश के अलावा और कहाँ पैदा होता जिसने अल्लाह को सम्बोधित अपनी नज़्म शिकवा में लिखा :

तुझको मालूम है लेता था कोई नाम तेरा
क़ुव्वते बाज़ुए मुस्लिम ने किया काम तेरा
पर तेरे नाम से तलवार उठाई किसने
बात जो बिगड़ी हुई थी वो बनाई किसने
थे हमीं एक तेरे मार्का-आराओं में
ख़ुश्कियों में कभी लड़ते कभी दरियाओं में
दीं अज़ानें कभी योरप के कलीसाओं में
कभी अफ्रीका के तपते हुए सहराओं में
टल न सकते थे अगर जंग में अड़ जाते थे
पाँव शेरों के भी मैदां से उखड़ जाते थे
तुझसे सरकश हुआ कोई तो बिगड़ जाते थे
तेग़ क्या चीज़ है हम तोप से लड़ जाते थे
शान आँखों में न चुभती थी जहाँदारों की
कलमा पढ़ते थे जो हम छाँव में तलवारों की!

139

पानवाले बहुत दूर तक साथ निभाते थे
दुर्दिन में
सबसे पहले रंडियाँ साथ छोड़ती थीं
फिर जिगरी दोस्त
पुरानी प्रेमिकाएँ पर
मृत्युपर्यन्त नहीं छोड़ती थीं
वे हाल-चाल लेती रहती थीं
जीवित हो या मर गए
इस महादेश को पुरानी प्रेमिकाओं ने थाम रखा था!

140

नट अभिनेता लेखक कवि मसखरे चित्रकार
दिखाएँ अपना पारपत्र
जिसको जाना है चला जाए
जिसकी बीवी को भागना है भाग जाए
चाहे ख़ून की बारिश हो
हम कहीं नहीं जाएँगे
यहीं पर जीवित रहे
यहीं मर जाएँगे
इस महादेश की मिट्टी में दबकर!

141

हवाई-अड्डे चमकते हुए थे
पर भीड़ वहाँ भी कम नहीं थी
दिल्ली स्थित अंतरराज्यीय बस-अड्डे और इंदिरा गांधी अंतरराष्ट्रीय हवाई-अड्डे में फ़र्क़ बस इतना भर था कि यहाँ बस-अड्डे के मुक़ाबले जेब कटने की सम्भावना कम थी हालांकि यहाँ उच्च-कोटि के जेब-तराश मौजूद थे लेकिन बस-अड्डे जैसा खुलापन यहाँ नहीं था और बस-अड्डे पर खान-पान भी सस्ता था और बस-अड्डे की आत्मीय आवाज़ें हवाई-अड्डे पर नदारद थीं
कोई आ रहा था
कोई जा रहा था
आवागमन इस महादेश का प्रिय शब्द था!

142

कोई कवि था कोई कलाकार
मनुष्य कोई नहीं था
कोई हिन्दू था कोई मुसलमान
मनुष्य कोई नहीं था
हर तरफ़ कलाकारी थी
एक ऊँचे दर्जे की अदाकारी
सब किसी दूसरे की भूमिका में थे
जिधर भी नज़र जाती थी
नट बाज़ीगर और भाण्ड दिखाई देते थे
यह महादेश
एक ओपन एयर थिएटर में बदल गया था
जहाँ दिन-रात नौटँकी जारी थी!

143

कोई किसी को बेवजह गाली नहीं देता था
इतनी क़ीमती चीज़
कोई यूँ ही बरबाद नहीं करता था
कुछ तो लगाव होगा
तभी कोई किसी को गाली देता था
जिस दिन गालियाँ नहीं खाता था
लगता था परदेस चला आया हूँ
गालियाँ इस महादेश में
प्रेम की अभिव्यक्तियाँ थीं
मिर्ज़ा असदुल्ला खाँ ग़ालिब ने यूँ ही तफ़रीहन तो यह नहीं कहा होगा :
इतने शीरीं हैं तेरे लब कि रक़ीब
गालियाँ खा के बेमज़ा न हुआ!

144

रेल की पटरियों को विश्राम नहीं था
कश्मीर से कन्याकुमारी तक
अगरतला से अमृतसर तक
कोलकाता से कालीकट तक
गुवाहाटी से गोधरा तक
दिल्ली से देहरादून तक
लेकिन ट्रेन का टिकट नहीं मिलता था
कन्फ़र्म टिकट
जो ट्रेन में यात्रा कर रहे थे
उन्होंने लगता है
पिछले जनम में टिकट बुक कराया था!

145

मृगेन्द्रस्य मृगेन्द्रत्वं वितीर्णं केन कानने!
[मृगेन्द्र को मृगेन्द्रता किसने अर्पित की?]

मृगेन्द्रता कोई प्रदान नहीं करता था
यह स्वयमेव थी
लेकिन मृगों की उन्मुक्त कुलाँचे छीनने के लिए
शिकारी घात लगाए हुए थे
और तूती-ए-हिन्द
अपने पिंजरे में लहू-लुहान था!

146

ताक़तवर ने अपनी ताक़त से कमज़ोर को कुचल दिया

एक ब्रिटिश इतिहासकार मांटगोमरी मार्टिन ने 1840 में ब्रिटिश पार्लमेंट की जाँच समिति के सामने भारतीय उद्योगों पर प्रस्तुत अपनी रिपोर्ट में यह लिखा :

सूरत ढाका मुर्शिदाबाद आदि शहर इस तरह तबाह हुए हैं कि उनका वर्णन सम्भव नहीं

इससे पहले ईस्ट इण्डिया कम्पनी के आदेश पर 1807 में बुकानन भारतीय उद्योग-धंधों की जाँच के लिए पटना शाहाबाद भागलपुर गोरखपुर इत्यादि ज़िलों में गया

उसकी जाँच से पता चला कि उस वक़्त पटना ज़िले में 2400 बीघा ज़मीन पर कपास की और 1800 बीघा पर ईख की खेती होती थी

और कोई तीन लाख औरतें सूत कातकर अपना गुज़ारा करती थीं और बुनकर बहुत अच्छी हालत में थे

इसी तरह शाहाबाद ज़िले में कोई डेढ़ लाख औरतें साल में 12 से 15 लाख का सूत कातती थीं ज़िले में उस समय लगभग 8 हज़ार करघे थे और इनके अलावा काग़ज़ इत्र तेल नमक और शराब के उद्योग फल-फूल रहे थे

भागलपुर में 12 हज़ार बीघे पर कपास की खेती होती थी जहाँ सूत के 7 हज़ार और टसर के 3 हज़ार से ज़्यादा करघे थे

गोरखपुर में 2 लाख के क़रीब स्त्रियाँ चरखा कातकर दिन बिताती थीं यहाँ 400 नावें हर वर्ष तैयार होती थीं और नमक और शक्कर के कारख़ाने भी बहुत थे

दिनाजपुर में 39 हज़ार बीघे में पटसन 24 हज़ार बीघे में कपास 24 हज़ार बीघे में ईख 15 हज़ार बीघे में नील और डेढ़ हज़ार बीघे में तम्बाकू की खेती होती थी

लेकिन अंग्रेज़ों ने नेविगेशन एक्ट के ज़रिये भारत के उद्योग-धंधों को चौपट कर दिया और नतीजा यह हुआ कि 1814 के बाद भारत में विलायती

कपड़े की खपत 10 लाख गज़ से बढ़कर 5 करोड़ 10 लाख गज हो गई
और हिन्दुस्तान के सूती कपड़े का विलायत में निर्यात 12 लाख थान से
कम होकर 63 हज़ार थान रह गया
भारत का कपड़ा उद्योग नष्ट हो गया और इस काम में लगे लाखों कारीगरों
को तबाह कर दिया गया
तब से आज तक ये बेकार कारीगर
काम की तलाश में इस महादेश में दर-दर भटकते हैं!

147

भारतीय नील से दुनिया भर के वस्त्र चमकने लगे
लेकिन इस महादेश के वस्त्र मटमैले होने लगे
ब्रिटेन में औद्योगिक क्रांति 1788 के बाद से नील की माँग बहुत बढ़ गई
थी अब कुलीन अंग्रेज़ ही नहीं लुटेरे लम्पट अनपढ़ भगौड़े अपराधी अंग्रेज़
भी नील से धुली हुई सफ़ेद कमीज़ें पहनकर साहब बन गए थे
भारत में सर्वप्रथम लुई वन्नो नामक एक फ्रांसीसी ने बंगाल में नील की
खेती शुरू की कैरेल ब्लूम नामक अंग्रेज़ ने पहली नील की कोठी खोली
और ईस्ट इण्डिया कम्पनी को नील की खेती के लिए आमन्त्रित किया
इसके बाद तो बंगाल बिहार ओड़िसा बनारस इलाहाबाद में अनगिनत नील
की कोठियाँ खुल गईं
उस ज़माने में भारतीय नील ब्रिटेन के अलावा फ्रांस इटली ऑस्ट्रिया
अमरीका मिस्र फ़ारस आदि देशों में जाता था
नील की खेती ने हिन्दुस्तान को बरबाद
और अंग्रेज़ों को आबाद कर दिया
नील की खेती ने किसानों को क़र्ज़ में डुबो दिया
नील के व्यापार में लगे अंग्रेज़ों का
नया नामकरण हुआ—निलहे साहब
फिर तो निलहे साहबों की भरमार हो गई और अंग्रेज़ ईस्ट इण्डिया कम्पनी
की नौकरी छोड़कर इस व्यापार में शामिल होने लगे
इनमें कुछ देसी निलहे भी शामिल थे
जो झक्क सफ़ेद कमीज़ें पहनकर गाने लगे :
साला मैं तो साब बन गया!

148

यक्ष ने पूछा :

क: पन्था:?

युधिष्ठिर ने कहा :

महाजनो येन गत: स पन्था:!

कुछ महापुरुष अब नहीं रहे थे
और कुछ का हमने क़त्ल कर दिया था
जिस पर महा-जन चले थे
वे पथ अब ख़ून से लथ-पथ थे
हम चलते जाते थे
और धूल उड़ती जाती थी!

149

1857 का मुक्ति-संग्राम अभी दूर था
लेकिन इसके 100 बरस पहले ही अंग्रेज़ों और उनके हिमायती ज़मींदारों साहूकारों से इस देश के किसानों और कारीगरों ने संघर्ष शुरू कर दिया था
इतिहास में संन्यासी-विद्रोह के नाम से प्रसिद्ध यह विद्रोह 1763 से शुरू होकर 1800 तक किसी न किसी रूप में जारी रहा
वारेन हेस्टिंग्स ने इसे हिन्दुस्तान के यायावरों का पेशेवर उपद्रव कहा और इसे दस्युता और डकैती बताया हालाँकि यह विचित्र बात थी कि डकैत लुटनेवालों को डकैत बता रहे थे
सर विलियम हंटर ने इसे किसान विद्रोह कहते हुए लिखा :
ये गृहत्यागी सर्वत्यागी संन्यासी थे जो पचास-पचास हज़ार के दल बाँधकर पूरे देश में घूमते थे इनमें वे 20 लाख सैनिक भी शामिल थे जो मुग़ल-साम्राज्य के पतन के बाद बेकार थे और भूमिहीन सर्वहारा किसानों और कारीगरों ने इनकी संख्या में इज़ाफ़ा किया
इन विद्रोहियों ने पहला हमला ढाका स्थित ईस्ट इण्डिया कम्पनी की कोठी पर किया जब अंग्रेज़ सौदागर पीछे के दरवाज़े से निकलकर नावों में बैठकर भाग गए
इसके बाद यह छापामार धर्म-युद्ध जारी रहा
मुख्यत: बंगाल और बिहार में फैले इस विद्रोह का नेता मजनू शाह था और उसके साथियों में प्रमुख मूसा शाह चिराग़ अली भवानी पाठक कृपानाथ नुरुल मोहम्मद पीताम्बर इत्यादि थे और थी वीरांगना देवी चौधुरानी
और 29 दिसम्बर 1786 को अंग्रेज़ों से युद्ध करते हुए संन्यासी विद्रोह के सर्वश्रेष्ठ नेता मजनू शाह की मृत्यु हो गई 1787 में भवानी पाठक भी एक संघर्ष में मारे गए पर देवी चौधुरानी अंत तक लड़ती रही

बंगाली उपन्यासकार बंकिमचन्द्र चट्टोपाध्याय ने अपना कालजयी उपन्यास 'आनन्द मठ' इसी संन्यासी विद्रोह की पृष्ठभूमि पर लिखा जिसकी शुरुआत इस प्रसिद्ध गीत से होती है
वन्दे मातरम्!

150

बंगाल की लूट के बाद नील अफ़ीम नमक और शोरे की ठेकेदारी ने ईस्ट इण्डिया कम्पनी के कारकूनों को मालामाल कर दिया
बिहार प्रान्त में पटना हाजीपुर तिरहुत सारन और पूर्णिया में पैदा होने वाला शोरा बारूद बनाने के काम आता था
अफ़ीम के बारे में वारेन हेस्टिंग्स ने ब्रिटिश पार्लमेंट को अपने पर लगे लूट के अभियोग पर सफ़ाई देते हुए यह कहा था :
पहले अफ़ीम से कम्पनी को कोई राजस्व प्राप्त नहीं होता था लेकिन मेरे काल में इससे कम्पनी को 534000 पौंड की आमदनी हुई
और नमक के लिए हेनरी बेवरीज ने लिखा :
नमक उत्पादन के लिए इतना भयंकर अत्याचार किया गया कि 1818 में 350 मलन्गी परिवार घर छोड़कर चले गए
और गवर्नर वेरेलस्ट ने लिखा :
कम्पनी के अंग्रेज़ कर्मचारी व्यक्तिगत व्यापारी बन गए हैं और देसी गुमास्तों के ज़रिये नमक का व्यापार करते हैं
दे लातूर ने लिखा :
नील की एक भी ऐसी डिबिया इंग्लैंड नहीं पहुँचती जो आदमी के ख़ून से न रंगी हो
और अंत में कार्ल मार्क्स ने लिखा :
पारस पत्थर से सोना बनाने वाले कीमियागरों को भी कम से कम लोहे की ज़रूरत पड़ती है लेकिन इन अंग्रेज़ दलालों/ठेकेदारों को सोना बनाने में किसी चीज़ की ज़रूरत नहीं पड़ती!

151

हिन्द की ज़बान
फ़ारसी अरबी और तुर्की से बेहतर है
यह अमीर ख़ुसरो ने कहा
यह भी कहा :

हिन्द हमीन काश्दह दारद ब सुख़न
हिन्दुई बूदअस्त दर अय्यामे कुहन!
[हिन्दी-ज़बान के नियम-क़ायदे थे और यह ज़बान प्राचीनकाल से थी और आज तक है!]

और तूती-ए-हिन्द ने यह भी कहा :

सिंदीओ-लाहोरीओ-कश्मीरीओ कबर
घोर समन्दरी-ओ-तिलंगी ओ गुज़र
मअबरी ओ-गौरी ओ-बंगाली अबद
दिहली ओ-पेरामनश अंदर हमह अद
ईनहमह हिन्दवीस्त कि ज़ि अयामें कुहन
आम्मह व-फ़रहस्त ब-हर गूनह सुख़न!
[सिंधी लाहौरी कश्मीरी कबर कन्नड़ तेलुगु गुजराती तमिल बांग्ला अवधी और दिल्ली मेरठ की ये सभी खड़ी बोलियाँ हिन्दुई/हिन्दवी/हिन्दी हैं!]

इस महादेश की सभी भाषाएँ
हर अच्छे-बुरे समय सन्नद्ध खड़ी रहती थीं!

152

गगनं गगनाकारं सागर: सागरोपम:
रामरावणयोर्युद्धं रामरावणयोरिव!
[गगनाकार केवल गगन है सागर की तरह केवल सागर और राम रावण का युद्ध राम रावण के युद्ध जैसा है!]

कोई वीरानी सी वीरानी है
यह महादेश इस महादेश की तरह था!

153

सर्वप्रथम हिन्दू (हिन्दु) शब्द का प्रयोग दारयवौष ने किया
वही इतिहास प्रसिद्ध दारा प्रथम जिसने 515 और 520 ईस्वी पूर्व कभी सिंध और पंजाब के पश्चिमी भू-भाग पर अधिकार कर लिया था और जो ख़ुद को आर्यों का आर्य और क्षत्रियों का क्षत्रिय कहता था
दारा के एक प्रसिद्ध अभिलेख नक़्शी-ए-रुस्तम में यह लिखा हुआ है : हिन्दू (यानी भारत) ईरान (फ़ारस) का बीसवां प्रान्त (क्षेत्र) था जहाँ से प्रतिवर्ष ईरानी सम्राट को आय के रूप में अत्यंत लाभकर 360 ईबोइ (ईरानी तोल) भार की स्वर्ण-धूलि मिला करती थी
तब से हम हिन्दू
और यह महादेश हिन्दुस्तान कहलाता है!

154

अंग्रेज़ों ने 1834 में दास-प्रथा समाप्त की लेकिन इससे पूर्व इस महादेश में दास-दासियों की बाक़ायदा ख़रीद-फ़रोख़्त होती थी और इसके लिए विक्रय-पत्र भी बनाए जाते थे

आज से कोई 700 वर्ष पूर्व गुजरात के इस दास-विक्रय-पत्र से इसकी पुष्टि होती है :

संवत 1288 बैशाख शुदी 15 गुरावद्य इह श्रीमदणहिल्लपत्तने समस्तराजावली समलंकृतपरमेश्वरपरमभट्टारक श्रीमद्भीमदेवकल्याण विजयराज्ये दासी विक्रयपत्रमलिख्यते यथा :

राणाश्रीपरतापसिंघेनानीता गौरवर्ण षोड्शवार्षिकी पनुती नाम्नी दासी शिरसि तृणं दत्वा पञ्चमुखनगरविदित चतुष्पथे रहाप्य विक्रीता व्यवहारक आसधरेण दासीकर्मकरणाय राणाश्रीप्रतापसिंहस्य 504 चतुरधिकपञ्चशतानि द्रम्मान् दत्वा पनुती नाम दासी समस्तनगरधिवासिचातुर्वण्यरलोकानां विदितमूल्येन गृहीता ...

(सन् 1288 बैशाख सुदी 15 बृहस्पतिवार आज यहाँ (अनहिलपाटन में) समस्त राजावली से अलंकृत परमेश्वर परम्भट्टारक श्रीमान भीमदेव के मंगलविजय वाले राज्य में यह दासी-विक्रय-पत्र लिखा जाता है यथा राणा श्रीप्रतापसिंह द्वारा लाई गई गोरे रंग की सोलह बरस की पनुती नामक दासी सर पर तृण देकर पंचप्रमुख नगर को विदित कर चौराहे पर बेची गई ख़रीदार आसधर ने दासीकर्म करने के लिए श्रीप्रतापसिंह को पाँच सौ चार दाम देकर नगर के सभी वर्णों के लोगों के विदित मूल्य में ख़रीदी

विक्रय-पत्र का अविकल अनुवाद यह है :

इसके बाद इस दासी को ख़रीदार के घर कूटना-पीसना पानी लाना उबालना पेशाब-पाख़ाना फेंकना भैंस-गाय-बकरी दुहना दही बिलोना खेत-खलिहान में मट्ठा ले जाना चारा लाना धुनना-कातना इत्यादि काम अकुटिल बुद्धि से

करना होगा इसके प्रतिदान में ख़रीदार उसकी भोजन-छाजन की व्यवस्था करेगा और दासी अगर इनकार करती है तो उसे निष्ठुरतापूर्वक पीट कर काम करवाना चाहिए यदि वह इस पीटने से मर जाए तो सभी वर्णों के लोगों को समझना चाहिए कि वह अपने कर्मों से मरी इस विक्रय-पत्र के रक्षपाल और नगरवासी साक्षी हैं इस पत्र को दोनों पक्षों की रज़ामन्दी से जयता पारथी ने लिखा!

155

तैमूर गोरगानी जब समरकंद से हिन्दुस्तान फ़तेह करने के लिए चला तो उसके पीर ने उसे सलाह दी थी कि सल्तनत के उमूर में नौ हिस्से तदबीर और मशविरे से तय होते हैं सिर्फ़ एक हिस्सा तलवार के वसीले से निपटता है

लेकिन तैमूर ने सिर्फ़ तलवार के ज़रिये दिल्ली को फ़तेह कर लिया उसके सैनिकों ने लूटमार बलात्कार अपहरण के साथ ऐसी ख़ून की होली खेली जिससे दिल्ली त्राहिमाम कर उठी तैमूर कोई पन्द्रह दिन दिल्ली में रहा तैमूर ने इस ख़ुशी में अभूतपूर्व विजयोल्लास मनाया

इसी विजय-जलसे में तैमूर से एक अँधा गायक मिलने आया तो तैमूर ने उसका नाम पूछा

गायक ने कहा—दौलत नाम है मेरा

इस पर तैमूर ने कहा—क्या दौलत भी अंधी होती है

तब उस अंधे गायक ने कहा—जहाँपनाह, अगर अंधी नहीं होती तो लँगड़े के घर क्यों आती

अंधे गायक का सिर क़लम कर दिया गया लेकिन जब अमीर तैमूर लूट की अपार सम्पदा के साथ लौट रहा था तो उसका नाम तैमूर नहीं तैमूरलंग था!

156

हमने बौद्ध-विहार जलाए
हमने मन्दिरों को लूटा
प्रतिमाओं को तोड़ डाला
हमने गिरिजाघर गिराए
हमने मस्जिदों को मिस्मार किया
यह महादेश
कोई टूटा हुआ गुम्बद था
खण्डहरों में सांस लेता हुआ
किसी मलबे में दबा कराहता हुआ!

157

न हरम में है न दैर में है
हम तो दोनों जगह पुकार आए
एक फ़क़ीर गुनगुनाते हुए गुज़रता था
न बुत का इश्क़ और न खौफ़े ख़ुदा रहा
बाक़ी फ़िसादे गिब्री मुसलमान रह गया
इस महादेश में
आपसी प्रेम न रहा भाईचारा न रहा
सिर्फ़ हिन्दू मुसलमान का झगड़ा बाक़ी रह गया!

158

इस महादेश ने लिखना ईरान से सीखा
सैंधव-सभ्यता और सम्राट अशोक से हज़ार वर्ष पूर्व तक यह देश लिखना नहीं जानता था
एक अभी तक अबूझ ब्राह्मी-लिपि को छोड़कर इस देश में लिपि का अभाव था और सम्राट अशोक से और ईरानी सम्बंधों से पूर्व हम लिपि लेखन लेखक इत्यादि शब्दों से अपरिचित थे
सम्राट अशोक ने सर्वप्रथम जिन लिबि (लेखन) और लिबिर (लेखक) अथवा दिबि और दिबिर का उल्लेख किया है वे शब्द भी उस समय की पहलवी (ईरानी फ़ारसी) के हैं
जबकि ईरान असुर बाबुल और मिस्र में हज़ारों वर्षों से चट्टानों स्तम्भों ईंटों पर विजय-प्रशस्ति लिखने की प्रथा चली आती थी
सम्राट अशोक से प्राय: डेढ़-सौ वर्ष पूर्व दारा प्रथम के बेहिस्तून और नख़्शी-ए-रुस्तम के अभिलेख इसी तरह की प्रशस्तियाँ हैं जिनसे और पड़ोसी देशों के अभिलेखों से प्रेरणा पाकर सम्राट अशोक ने असंख्य अभिलेख और शिलालेख खुदवाए
इसके बाद तो इस महादेश में
लिबिर-लिबिर करने वालों की भरमार हो गई!

159

चन्द्रगुप्त के दरबार में सिल्यूकस के राजदूत के रूप में मेगस्थनीज ने पाटलिपुत्र में बहुत दिन बिताए अपनी किताब इंदिका में उसने मौर्यों की वैभवशाली राजधानी पाटलिपुत्र का वर्णन इस तरह किया है :
पाटलिपुत्र की लम्बाई साढ़े नौ मील चौड़ाई पौने दो मील है वह सोन और गंगा के कोण में बसा है इसकी रक्षा 600 फुट चौड़ी और तीस हाथ गहरी खाई करती है इसके अतिरिक्त नगर की रक्षा के लिए विशाल प्राचीरों वाली लकड़ी की एक दीवार खड़ी है जिसमें 64 द्वार और 560 बुर्जियां हैं
और मेगस्थनीज ने यह भी लिखा :
पाटलिपुत्र के राजप्रासाद ने सूसा और एकबताना के ईरानी राज महलों को मत्सरग्रस्त कर दिया था
राजप्रासाद एक विस्तृत उद्यान में खड़ा था जहां रंगबिरंगी मछलियों से भरे सरोवर थे लता-गुल्मों के कुञ्ज थे छायातरुओं की कतारें थीं जिनकी डालियाँ मालियों और काष्ठकारों ने अपनी कला से एक दूसरे में गूंथ दी थीं उद्यान में पले हुए मयूर और अन्य पक्षी सदा पर मारते रहते थे राजप्रासाद प्रस्तर का बना था जिसके सुनहरे स्तम्भों पर चाँदी के पक्षी बैठाए गए थे
चीनी यात्री फाह्यान ने अपने मशहूर भ्रमण के दौरान पाटलिपुत्र के इस प्रासाद को देखकर अचंभित होकर लिखा कि इस विशाल पाषाण प्रासाद का निर्माण निश्चय ही दैत्यों ने किया होगा
इसके दो सौ वर्ष बाद एक दूसरे चीनी यात्री व्हेनसांग ने भी इसे जला हुआ देखा था
और आज यह राजप्रासाद पटना के पास कुम्भरार की मिट्टी में अपने समूचे ऐश्वर्य और वैभव के साथ चैन की नींद सोया हुआ है
कैसा भी चमकदार इतिहास हो
अंत में उस पर धूल उड़ती है!

160

वैसे तो दुनिया के अधिकतर बौद्धिक वेश्यावृत्ति के धन्धे में लिप्त हैं लेकिन इस महादेश में बाक़ायदा बौद्धिक वेश्यावृत्ति की परम्परा मौजूद रही है जिन्हें हम गणिका देवदासी नगरवधू तवायफ़ इत्यादि नामों से जानते थे ग्रीस देश में ऐसी बौद्धिक वेश्याओं को हितेरियां कहा जाता था जिनकी मेधा की प्रशंसा सुकरात और अफ़लातून जैसे दार्शनिकों तक ने की है और जिनके आवासों पर कवि दार्शनिक कलाकार इत्यादि विलास और आलंकारिक भाषा सीखने के लिए रमे/जमे रहते थे

धर्म और मन्दिरों से इनका गहरा सम्बन्ध था और यह अकारण नहीं कि कालिदास के विश्वविख्यात काव्य मेघदूत में महाकाल की पुण्य आरती के समय वेश्याएँ रत्नजटित चँवर डुलाती हैं और मदहोश कर देने वाला सामूहिक-नृत्य करती हैं

और वह अनिंद्य सुंदरी

वैशाली की नगरवधू आम्रपाली

जिसे बुद्ध ने अपने संघ में यह जानते हुए भी शामिल किया कि स्त्रियों के आगमन से बौद्ध-धर्म की आयु आधी रह जाएगी!

161

बौद्ध भिक्षा ही नहीं मांगते थे
षड्यंत्र भी रचते थे
दुष्ट विक्रांत यवनों के आक्रमण से राजा नष्ट हो गए थे प्रान्त बिखर गए थे दिमित्रियस सिंध-चित्तौड़ की तरफ़ से और उसके जामाता मिनान्दर मथुरा-साकेत की ओर से चलते हुए मगध की राजधानी कुसुमपुर-पाटलिपुत्र तक पहुँच गए थे लूट-पाट के बाद दिमित्रियस भारत से लौट गया और मिनान्दर शाकल-स्यालकोट राजधानी बनाकर सीमाप्रान्त पर राज करने लगा
बौद्ध और बौद्ध-संघ मगध के राजा शुंगराज पुष्यमित्र से इसलिए नाराज़ थे कि पुष्यमित्र ने शक्तिशाली बौद्ध-शासन समाप्त कर ब्राह्मण धर्म की पुनर्स्थापना की थी
ऐसी मान्यता है कि बौद्धों ने षड्यंत्र रचकर मिनान्दर को पाटलिपुत्र पर आक्रमण करने के लिए आमन्त्रित किया लेकिन उस संघर्ष में पुष्यमित्र विजयी हुआ और मिनान्दर गंगा की घाटी में लड़ते हुए मारा गया
तब बौद्धों के षड्यंत्र से क्रुद्ध होकर पुष्यमित्र ने पाटलिपुत्र से जलन्धर तक के सभी बौद्ध-विहारों को जला डाला था और शाकल-स्यालकोट में घोषणा की :

यो में श्रमणशिरो दास्यति स्याहं दीनारशतं दास्यामि!
[जो मुझे बौद्ध भिक्षु का एक सिर देगा उसे मैं सोने के सौ दीनार दूँगा!]

लेकिन कुछ दिन बाद पुष्यमित्र का गुस्सा उतर गया और कालांतर में शुंगराज में बौद्धों के कई महान काज सधे बौद्धों का यह स्वर्ण-काल रहा यह महान् भारतीय सहिष्णुता थी जो इतिहास प्रसिद्ध शुंगकाल में शुंगराज पुष्यमित्र के ज़रिये प्रकट हुई थी जिसने आगे चलकर सिंध से नर्वदा तक बहुत समय तक निर्विघ्न राज किया!

162

जब कुछ नहीं बचता था
तब भी कोई आस बची रहती थी
अलाव बुझ जाते थे
लेकिन गरमास बची रहती थी
जिसे अपने पंजों से श्वान कुरेदते रहते थे!

163

समानी व आकूतिः समानां हृदयानि वः
समानमस्तु वो मनो यथा वः सुसहासति! (ऋग्वेद) 10.161.4
[तुम्हारी कल्पना समान हो तुम्हारा हृदय समान हो तुम्हारा मन समान हो ताकि तुम्हारी विचार-सम्मति सुंदर हो!]

यह इस महादेश की प्रार्थना थी
जहाँ कोई भेदभाव नहीं था
साधनों और धन-सम्पदा का ही नहीं
कल्पना का भी समान बंटवारा
इसका एक अर्थ यह भी हुआ कि सुंदर विचारों के लिए समानता अवश्यम्भावी है
और कल्पना के समान होने की कल्पना तो क्वचित् कार्ल मार्क्स ने भी नहीं की थी!

164

इस महादेश के भौतिक-भूगोल का प्रथम लेख कुमारगुप्त द्वितीय (473-74 ई.) के एक अभिलेख में प्राप्त होता है जिसमें कश्मीर से कन्याकुमारी और हिमालय से समुद्र तक की चारों दिशाओं और भारत-माता-सुंदरी का चित्रोपम-दिलकश वर्णन हुआ है

वत्सभिट्टि नाम के एक अज्ञात कवि का लिखा और किसी अज्ञात-कुलशील-कलाकार द्वारा पत्थर पर उत्कीर्ण/कोरा हुआ यह अद्भुत छन्द इस तरह है :

चतुस्समुद्रान्तविलोलमेखलां सुमेरुकेलासबृहतप्योधराम्
वनान्तवांतस्फुटपुष्पहासिनीं कुमारगुप्ते पृथिवीं प्रशासति!

[सुमेरु और कैलास पर्वत जिसके पयोधर हैं चारों समुद्रों की लहरें जिसकी मेखला/तागड़ी हैं और जो कुमारगुप्त द्वारा शासित भूमि पर अनन्त वनों की अनन्त परम्परा में खिलते हुए फूलों सी मुस्कुराती है!]

जैसे यह कालिदास का श्लोक हो
जैसे यह अंगिरा की छैनी हो!

165

एक अच्छी योरोपीय लाइब्रेरी की एक अलमारी भी भारत और अरब के समूचे साहित्य के लिए अधिक है

लॉर्ड मैकॉले ने 1834 के अपने 'शिक्षा-कार्यवृत्त' में यह लिखा और यह भी लिखा :

हमें इस समय एक ऐसा वर्ग पैदा करने में पूरी शक्ति लगानी चाहिए जो हमारे और उन लाखों लोगों के बीच जिन पर हम शासन करते हैं दुभाषिये का काम कर सके ऐसे लोगों का एक वर्ग जिनका रक्त और रंग भारतीय हो किन्तु जो रुचि विचारों नैतिकता और बुद्धि की दृष्टि से अंग्रेज़ हों

और लॉर्ड मैकाले ने 1836 को अपनी माँ को एक पत्र में यह भी लिखा कि मेरे द्वारा प्रस्तावित नई शिक्षा नीति के लागू होने के तीस वर्षों के अंदर बंगाल में एक भी मूर्ति-पूजक नहीं रहेगा

लेकिन मैकाले की भविष्यवाणी आधी ही सच साबित हुई इस महादेश में देसी-अंग्रेज़ों का वर्ग तो तैयार हो गया लेकिन मूर्ति-पूजा बन्द नहीं हुई इतना ज़रूर हुआ कि मन्दिरों में सूट-बूट-टाई वाले भक्तों की संख्या बढ़ गई!

166

घिरता हुआ आता था शरद
जिधर से आर्य आए थे
जिधर से आक्रांता आए थे
उधर से आता था शरद
ओह!
हिन्दुकुश परबतों से टकराकर आती
वे बर्फीली हवाएँ!

167

हर विपत्ति में
अग्नि ने हमारा साथ दिया
जाड़े में हम
अलाव जला लेते थे
हिंस्र-पशुओं के लिए
हम हाथ में कुलिश रखते थे!

168

ख़बरें कम थीं
अख़बार ज़ियादा थे
और वे पत्थरों की तरह घरों पर फैंके जाते थे!

169

इस महादेश के अख़बारों में
अपराधियों और राजनेताओं की तसवीरें
प्रमुखता से छपती थीं
उछल-कूद अथवा नौटँकी करने पर कभी-कभार कवियों लेखकों कलाकारों की तसवीरें भी
प्रकाशित हो जाती थीं!

170

कबाड़ी
कबाड़ी
कबाड़ीवाला...
यह इस महादेश के महानगरों का महामंत्र था जो भोर की आरती और फ़ज्र की अज़ान के तुरंत बाद सुनाई देता था और इन तीन शब्दों में हमारी महान् सभ्यता की समीक्षा छुपी हुई थी
ग्रीष्म शीत वृष्टि
कैसा भी मौसम हो
हर-सुबह यह आवाज़ सुनाई देती थी
कबाड़ी
कबाड़ी
कबाड़ीवाला...ऽऽऽऽ!

171

धर्म/पन्थ/मत-भिन्नता-निरपेक्षता इस महादेश के लिए कोई इधर की चीज़ नहीं थी

आर्यों के बाद दुष्ट-विक्रांत-यवन आए दिमित्रियस तो लौट गया पर मिनान्दर यहीं रुक गया उसने शाकल-स्यालकोट को अपनी राजधानी बनाया जिसकी तुलना वह यूनान के नगरों से करते हुए अपनी किताब 'मिलिन्दपन्ह' में लिखता है :

शाकल के मार्ग उन यूनानी मार्गों की याद दिलाते हैं जो एक-दूसरे के तर्कों का चिथड़ा उड़ा देने वाले दार्शनिकों के तर्कों से गूंजते रहते थे

आगे मिनान्दर लिखता है :

स्यालकोट की सड़कें हर मत के गुरुओं के स्वागत स्वरों से गूंजा करती हैं और शाकल प्रत्येक सम्प्रदाय के प्रमुख विद्वानों का केंद्र है

यह लेख दर्शाता है कि हो सकता है शाकल-स्यालकोट कदाचित् इस महादेश में धर्म-समागमता-निरपेक्षता का प्रथम नगर हो!

172

अंततः तुम्हें उतनी ही ज़मीन की ज़रूरत होगी जितनी तुम्हारे शरीर की लम्बाई है

हिन्दुस्तान-प्रयाण से पूर्व सिकन्दर को एक यूनानी तर्कशास्त्री कलानोस ने यह कहा था जिससे सिकन्दर अरस्तू के कहने से मिला था

कलानोस ने सिकन्दर को उसकी लुटेरी आदतों के लिए बुरी तरह लताड़ा और कहा कि जिस तरह किसी केंद्र पर स्थित नहीं होने पर सिरे ऊपर-नीचे होते रहते हैं उसी तरह तुम्हारे साम्राज्य के सीमांत सिर उठाते रहेंगे

सिकन्दर को सुन कर बहुत क्रोध आया लेकिन वह कलानोस की निर्भीकता पर मोहित हो गया

सिकन्दर जब हिन्दुस्तान आया यवनों की सेना के साथ दस दार्शनिक भी उसके साथ थे!

173

सिकन्दर ने सिंध पहुँचकर भारतीय ऋषियों/विचारकों/दार्शनिकों को मिलने के लिए बुलाया
सिकन्दर ने उनसे पूछा, 'पहले दिन बनाया गया या रात'
ऋषियों ने कहा, 'पहले दिन बनाया गया रात के एक दिन पहले'
सिकन्दर ने कहा, 'इसकी व्याख्या करो'
ऋषियों ने कहा, 'असाध्य प्रश्न का उत्तर भी असाध्य होगा'
सिकन्दर ने फिर पूछा, 'जीवों में सबसे बुद्धिमान कौन है'
ऋषियों में से एक ऋषि ने सिकन्दर पर व्यंग्य कसते हुए कहा, 'निस्सन्देह वह पशु जिसने मनुष्य होने से अपने आप को बचा लिया है'
सिकन्दर की तलवार चलने ही वाली थी कि उसको उसके साथ आए दार्शनिकों में से एक ने रोक लिया
वह दार्शनिक अरस्तू का भतीजा था जो सिकन्दर के साथ आए दार्शनिकों में से एक था!

174

नीच-ग़ुलाम-वंश में पैदा होने वाला भले ही सुल्तान बन जाए वह नीच-ग़ुलाम ही रहता है
मुझे यह दुखी हृदय से कहना पड़ रहा है कि महमूद का वायदा हवाई निकला
फ़ारसी महाकाव्य 'शाहनामा' लिखने वाला फ़िरदौसी यह कहकर अपनी सुदूर मातृभूमि ख़ुरासान लौट गया
हिन्दुस्तान पर 17 बार आक्रमण करने वाले महमूद ग़ज़नवी ने फ़िरदौसी से यह वायदा किया था कि 'शाहनामा' पूर्ण होने पर उसे 60 हज़ार स्वर्ण-मुद्राएँ ईनाम में दी जाएँगी लेकिन उसे 60 हज़ार चाँदी के सिक्के भिजवाए गए जिन्हें फ़िरदौसी ने यह कहकर ठुकरा दिया कि उसे सोने और चाँदी का फ़र्क़ मालूम है
और जब महमूद ने 60 हज़ार स्वर्ण-मुद्राएँ भिजवाईं तो देर हो चुकी थी जब उसके दूत-अश्वारोही स्वर्ण-मुद्राओं के साथ ख़ुरासान पहुँचे तो फ़िरदौसी क़फ़न ओढ़े हुए अपने दफ़नाए जाने का इन्तज़ार कर रहा था
'हिन्दनामा' पूर्ण होते ही बिना किसी प्रत्याशा के हिन्दनामाकार भी अपनी मातृभूमि शेखावाटी की ओर लौट जाएगा!

175

मेने मेने तेकेल उफ़ारसिन!
[तुम्हें तराजू में तोला जा चुका है और तुम्हारा तोल कम पाया गया है!]

यह महादेश एक विशाल धर्मकांटा था!

176

विचलितकुललक्ष्मीस्तम्भनायोद्यतेन
क्षितितलशयनीये येन नीता त्रियामा!

स्कन्दगुप्त विक्रमादित्य के काल के एक स्तम्भलेख में उक्त छन्द उकेरा हुआ है जिससे हमें पता चलता है कि किस तरह विचलित कुललक्ष्मी को स्थायी करने के लिए स्कन्दगुप्त ने रातें ज़मीन पर सोकर बिताईं
लेकिन इस महादेश में हज़ारों-लाखों लोग किस सिद्धि के लिए फ़ुटपाथों पर अपनी रातें गुज़ारते हैं इसका कोई अभिलेख प्राप्त नहीं होता
इस महादेश में
ग़रीब-गुरबे अपना अभिलेख ख़ुद थे!

177

दुष्ट-विक्रांत-यवन
यह पदबंध गार्गीपुराण का है और इसलिए है कि इस महादेश में जैसा क़त्ले-आम यूनानियों ने किया उसके सामने मुग़ल आक्रांता मासूम नज़र आते हैं
गार्गीपुराण में लिखा है :
नागरिकों का ऐसा नरसंहार हुआ कि धरती से पुरुषों का अस्तित्व विलुप्त हो गया अब स्त्रियों को तलवार चलाने से लेकर खेतों में हल चलाने का काम ख़ुद करना पड़ता था और कई-कई स्त्रियों को एक पुरुष से विवाह करना पड़ता था
पुरुष अलभ्य थे और जब कहीं कोई पुरुष दिखाई देता था स्त्रियाँ आनन्द-भाव से चिल्ला उठती थीं—आश्चर्यम् किम् आश्चर्यम्
इस महादेश में
अच्छा और बुरा ज़माना एक साथ आता था!

178

अतिस्त्रीसंगरतमनंगंपरवशं

जो सुल्तान-सम्राट तलवारों से बच गए थे उन्हें अतिस्त्रीसंगत और अतिसुरापान ने मार डाला था
विष्णुपुराण में अंतिम शुंग सम्राट देवभूति को अतिस्त्रीसंगतकार और अनंगपरवश बताते हुए कहा गया है कि उसे उसके अमात्य वासुदेव ने दासीपुत्री द्वारा मरवा दिया और वह ख़ुद सम्राट बन गया
अति सर्वत्र वर्जयेत
यह भी इस महादेश का एक मंत्र था!

179

शाक्त-समुदाय से तंत्रयोग निकला
तंत्रयोग से तांत्रिक
तांत्रिकों से कापालिक निकले
कापालिकों से अघोरी
अघोरियों से कनफटिये निकले
कनफटियों से जोगी
जिस समय बंगाल में शाक्त-समुदाय उन्नति के चरम पर था वहाँ तंत्रयोग का साम्राज्य था जिसके दो रूप सहजिया और मरमिया अधिक प्रसिद्ध थे और ईसा की सातवीं शताब्दी के आसपास उड़ीसा के श्रीपर्वत पर हठयोग मंत्र मैथुन और कामुकता का भयंकर नगाड़ा बज उठा
श्रीपर्वत अब सिद्धों और वज्रयानियों का सिद्धि-स्थल था जहां स्त्री-सन्सर्ग और कामुकता के नये प्रयोग शुरू किए गए और वहाँ से यह कारवां कामाख्या विंध्याचल और काशी की तरफ़ बढ़ा हालांकि तन्त्र-साहित्य बहुत पुराना है जिसके उल्लेख ऋग्वेद में भी मिलते हैं लेकिन इस वज्रपर्वत पर विपुल तन्त्र-साहित्य की रचना हुई जिनमें प्रमुख ग्रंथ इस तरह हैं :

मायाजाल तन्त्र गुह्यसमाज तन्त्र महासमय तत्त्व भूतचामर वज्रामृत चक्रसंवर द्वादशचक्र मेरुकाभ्युदय महायामा पदनिक्षेप चतुष्पिष्ट परामद सर्वबुद्ध हेरम्बकल्प विसमयकल्प राजकल्प बज्रगांधारकल्प इत्यादि

सम्भोग से समाधि जैसे विकट प्रयोग करने वाला यह महादेश तांत्रिकों की प्रयोगशाला था जहाँ स्त्री का इस्तेमाल किसी रसायन की तरह किया जाता था!

180

वे हिन्दू थे
लेकिन वे न ब्राह्मण थे न क्षत्रिय न वैश्य न शूद्र
अहीर गुर्जर और जाट हमारी चातुर्वर्ण-व्यवस्था के पाँचवें सवार थे
आभीर-अहीर और गुर्जर ईसा पूर्व पहली शताब्दी के आसपास गिलगित और चित्राल के रास्ते इस महादेश में आए और महाभारत के अनुसार ये अपरान्त और विनसान के निकट बसे जहां सरस्वती नदी बालुका में विलीन हुई थी
अहीर पूरब में बिहार और बंगाल तक फैल गए और ख़ुद को यदुवंशी कहने लगे और अहीरों की छोहरियां इस देश के सर्वप्रिय देवता कृष्ण को छछिया भर छाछ पर नाच नचाने लगीं
गुर्जरों ने गुजरांवाला और गुजरात बसाए
जाटों जैसी मार्शल क़ौम ने भी कई राज्य क़ायम किए जिनमें से एक जाट राजा को कालांतर में एक ब्राह्मण कवि देव ने यह कहकर रुष्ट कर दिया था :
राजा भयो तो का भयो रह्यो जाट को जाट!

181

हर वर्ष के अंत में
कवियों लेखकों कलाकारों को
ईनाम-इक़राम से नवाज़ा जाता था
कभी सुधार के लिए
कभी भूल-सुधार के लिए
कई बार उधार के लिए
या पतितोद्धार के लिए
ये पुरस्कार प्रदान किए जाते थे
ऐथेंस की अकादमियों की नक़्ल पर बनी इस महादेश की साहित्य-कला-संगीत अकादमियां वर्षांत में कभी एथेंस के बाज़ारों में होने वाली ग़ुलामों की ख़रीद-फ़रोख़्त का दिलफ़रेब नज़ारा पेश करती थीं!

182

हिन्दू नहीं हिन्दुस्तान का धर्म

कार्ल मार्क्स हिन्दू-धर्म को हिन्दुस्तान का धर्म कहता था उसने 1853 में हिन्दुस्तान के बारे में 'न्यूयार्क डेली ट्रिब्यून' में प्रकाशित अपने एक लेख में लिखा :

हिन्दुस्तान का धर्म विलासिता और पीड़ा के अद्भुत और प्राचीन सम्मिश्रण से बना हुआ है यह धर्म विपुल वासनाओं और अपने को यातनाएँ देने वाले वैराग्य का है उसमें लिंगम भी है और जगन्नाथ का रथ भी और यह योगी और भोगी दोनों का धर्म है

कार्ल मार्क्स धर्म को अफ़ीम कहता था और ख़ुद अफ़ीम प्रेमी होने के नाते जानता था कि हिन्दुस्तान की अफ़ीम तेज़ तीक्ष्ण और तरावट वाली होती है!

183

लूटनेवाले इस महादेश में ख़ुद लुट गए
कार्ल मार्क्स ने लिखा कि हिन्दुस्तान पर अरब तुर्क तातार मुग़ल सबने हमले किए लेकिन ये सब हिन्दुस्तानी बन गए इस देश के हो गए और इतिहास के शाश्वत नियम के अनुसार बर्बर विजेता विजितों की श्रेष्ठ सभ्यता द्वारा जीत लिए गए
लेकिन अंग्रेज़ों को हिदुस्तान आत्मसात नहीं कर पाया अंग्रेज़ों ने देसी बस्तियों को उजाड़ कर देसी उद्योग-धंधों को तबाह कर और हिन्दुस्तान के भीतर जो कुछ भी उदात्त और महान् था उसको धूल-धूसरित करके एक महान् सभ्यता को नष्ट कर दिया
कार्ल मार्क्स के अनुसार हिन्दुस्तान के असली लुटेरे अंग्रेज़ थे!

184

कार्ल हाइनरिख़ मार्क्स ब्रिटिश पार्लियामेंट को मृत-भवन कहता था
जहाँ घोर आडम्बर से युक्त वक्तृत्व-कला का प्रदर्शन किया जाता था वहाँ दिए गए भाषणों का उद्देश्य अपने प्रस्तावों को पास कराना नहीं होता था उनके प्रस्तावों का उद्देश्य तो अपने भाषणों के लिए रास्ता तैयार करना होता था उनका भाषण कार्य का वाहक नहीं होता था और यह पाखण्डी दिखावा उनके भाषणों का पथ प्रशस्त करता था
ब्रिटिश पार्लियामेंट की तर्ज़ पर बनी भारतीय संसद भी किसी मुर्दा-घर से कम नहीं थी जहाँ एक से एक वाग्वीर असली मुद्दों का दाह-संस्कार कर उसकी राख से अपनी वक्तृत्व-कला को मांजते रहते थे!

185

ऋग्वेद में कवि को कारु कहा गया है
अर्थात करने वाला

अभि तष्टेव दीधया मनीषाम! (ऋग्वेद) 3.38.1
[बढ़ई की तरह कविता में चमक पैदा करो!]

ऋग्वेद का भाष्यकार सायण कहता है कि जिस तरह बढ़ई रंदा चलाकर लकड़ी के टुकड़े को चमकाता है उसी तरह कविता/गीत/स्रोत को चमकाना चाहिए

एतं ते स्तोमं तुविजात विप्रो रथं न धीर: स्वपा अतक्षम!

(ऋग्वेद) 5.2.11

[जिस तरह कुशाग्र-काष्ठकार रथ का निर्माण करता है उसी तरह मैंने तुम्हारे लिए स्तोत्र की रचना की है!]

इस महादेश में काष्ठकला और काव्यकला
और कर्म और प्रज्ञा में कोई अंतर नहीं था
ये अन्योन्याश्रित थीं!

186

विदेह राजा जनक बैठे थे
चलते-फिरते कहीं से याज्ञवल्क्य आए
राजा जनक ने याज्ञवल्क्य से पूछा :
कैसे आए हो क्या पशुओं (धन-धान्य) की अभिलाषा में या सूक्ष्म तत्त्वों के विचारार्थ
याज्ञवल्क्य ने कहा :
राजन् दोनों के लिए
बृहदारण्यक उपनिषद् में उल्लिखित यह प्रश्नोत्तर अधूरा है याज्ञवल्क्य को इसके बाद पूछना चाहिए था :
यदि दोनों में से एक चुनना हो तो
इस महादेश में जितने भी उपनिषद् थे
अधूरे और अपूर्ण थे!

187

गाड़ी वाले रैक्व नामक दर्शनशास्त्री के सामने दानवीर धनपति जानश्रुति पौत्रायण का यश बहुत फीका है
पक्षियों का एक दल यह बातचीत करते हुए उड़ रहा था इस बातचीत को जानश्रुति ने सुन लिया अब वह दार्शनिक रैक्व की खोज में निकला रैक्व अपनी गाड़ी के नीचे बैठा दाद खुजला रहा था
जानश्रुति ने रैक्व को छह सौ गायें एक स्वर्णहार और खच्चरी से जुता हुआ एक रथ अर्पित किया और उसे गुह्य-प्रज्ञा का ज्ञान देने का अनुरोध किया लेकिन गाड़ी वाले रैक्व ने उसे अपमानित करके भगा दिया
जानश्रुति एक बार फिर रैक्व के पास गया इस बार उसने रैक्व को एक सहस्त्र गायें एक स्वर्णहार खच्चरी से जुता रथ और एक गाँव के साथ अपनी कन्या अर्पित करके गुह्य-ज्ञान के लिए आग्रह किया
इस बार रैक्व ने इनकार नहीं किया वह जानश्रुति को गुह्य-ज्ञान देने के लिए तैयार हो गया
छान्दोग्य उपनिषद् में लिखा है कि तब रैक्व ने उस सुंदर कन्या का मुखड़ा अपने समीप करते हुए जानश्रुति से कहा :
अरे शूद्र, तू इतनी सारी वस्तुएँ लाया है लेकिन मुझे केवल यह सुंदर मुखड़ा बोलने के लिए प्रेरित कर रहा है
उपनिषद् भी उपन्यासों की तरह रोचक होते थे और उनमें भी बहुत-सारे नग्न-सत्य छुपे रहते थे!

188

ख्याति दरअस्ल भ्रान्ति थी
इस महादेश की भ्रम विषयक प्रस्थापनाओं की तीन मुख्य परिकल्पनाएँ थीं :
असत्-ख्याति आत्म-ख्याति और
अनिर्वचनीय-ख्याति
असत्-ख्याति का अर्थ हुआ मिथ्या-ज्ञान
जैसे रस्सी से सर्प और सर्प से रस्सी का बोध
आत्म-ख्याति अर्थात आत्मन् का मिथ्या-ज्ञान
अनिर्वचनीय-ख्याति यानी वर्णनातीत मिथ्या-ज्ञान
इनके सिवा एक अख्याति होती है जो अभ्रांति की स्थिति होती है
जैसे सीपी को देखकर चाँदी याद आती है लेकिन अपने वास्तविक रूप में
वह और एक चीज़ होती है अन्यथा अथवा विपरीत ख्याति जब कोई वस्तु
किसी अन्य वस्तु के रूप में याद आती है
इस महादेश में
जितने भी प्रख्यात लोग थे
अस्लियत में भ्रांत या दिग्भ्रांत लोग थे!

189

यह महादेश संसार का सार था
किन्तु संक्षेप नहीं
यहाँ पर्याप्त पृथ्वी थी
अपार जल था
अखण्ड अग्नि थी
निर्मल वायु थी
और असीमित आकाश था
यह महादेश स्वयं पञ्च-महा-भूत था!

190

दारु पीओ ठाकरां
राता राखो नैण
अंततः शराब ठाकुरों को पी गई सामन्तों और राजपूतों को शराबनोशी और औरतबाज़ी ने अंदर से खोखला कर दिया और राजपूताना में तो इनकी जारज सन्तानों से नई जातियों उप-जातियों का जन्म हुआ
ब्रिटिश सरकार द्वारा 1909 में प्रकाशित राजपूताना गज़ेटिअर्स में लिखा गया है :
The Chakars or Golas are illegitimate off spring of Rajputs
चाकर या गोले राजपूतों की जारज सन्तान हैं जो वंश परम्परा से उनकी खिदमतगारी में लगे हैं ये राजपूतों के अलावा किसी की जूठन नहीं खाते ओसवालों से ऊपर की जातियां इनके हाथ का और नाई से नीचे की जात का छुआ ये नहीं खाते इनकी स्त्रियां गोली-गोलियां कहलाती हैं राजपूत रईस इन बांदियों को पैसे से ख़रीदकर अपने जनाने में इन्हें उपपत्नी बनाकर दाख़िल कर लेते हैं कुछ को ये पासबान की पदवी दे देते हैं जिनका स्थान रानियों के बाद होता था Subsequently if promoted as pasbans they take their seats just below the Ranis
इतिहासकार कर्नल टॉड ने राजपूतों की इसी जीवन-शैली को उनकी पराधीनता का प्रमुख कारण माना है
इस महादेश में जिधर भी देखो
जारज सन्तानें रज उड़ाती हुई नज़र आती थीं!

191

हिन्दुस्तान के इतिहास में
वह वेश्याओं और हिजड़ों का काल था
जब मुहम्मद शाह ने—जो अपनी रंगरेलियों के कारण कालांतर में रंगीला कहाया—दिल्ली की गद्दी पर अट्ठाइस वर्ष राज किया
वह विलासिता शोषण भुखमरी और अराजकता का दौर था जब स्त्रियों की स्थिति दयनीय थी वेश्याएँ कुलवधुओं से अधिक सम्मानित थीं राजदरबारों में वेश्याओं का राज था
उधमबाई—जिसका पुत्र अहमद शाह बाद में दिल्ली का बादशाह बना—मुहम्मद शाह की ख़ास और सम्मानित वेश्या थी
उस दौर के जयपुर का सवाई प्रताप सिंह स्त्रियों का भेस बनाकर घुंघरू बाँधकर अपने अन्त:पुर में नाचता रहता था जहांदार शाह हाथ में दर्पण और कंघा रखता था और सुंदरियों के केश संवारा करता था इसी जहांदार शाह ने लाल कुंवरि के कहने से तबलची सारंगी वादक और कुंजड़ों को उच्च पद प्रदान किए जो सुरापान के बाद बादशाह को लात मारते थे
इस दौर के कवि भी कम नहीं थे
रीतिकाल के कवि घनानन्द इसी रंगीला के दरबार की एक वेश्या सुजान पर मोहित हो गए और एक दूसरे कवि बोधा सुभान नामक नर्तकी को दिल दे बैठे
घनानन्द ने सुजान के लिए जो प्रेम-कविताएँ लिखीं हैं वे अब हमारी निधि हैं और हमें बताती हैं कि कैसा भी पतित दौर हो कैसी भी इंदरसभा हो प्रेम अपने को बचा कर रखता है!

192

रोटी न पेट में हो तो कुछ जतन न हो
मेले की सैर ख़्वाहिशे बाग़ो चमन न हो
भूखे ग़रीब दिल की ख़ुदा से लगन न हो
सच है कहा किसी ने भूखे भजन न हो
अल्लाह की भी याद दिलाती हैं रोटियाँ
जितने मज़े हैं सब ये दिखाती हैं रोटियाँ
रोटी और रोटियाँ हिन्दुस्तान में नहीं बनती थीं
रोटियाँ तुर्कों के साथ आईं
रोटी तुर्की भाषा का शब्द है
और यह कितने आश्चर्य की बात है कि संस्कृत में रोटी और तवा का कोई समानार्थक शब्द नहीं मिलता
हमने बाद में तवे पर सिंकती रोटी को देखकर चपाती और फुलका जैसे शब्द बनाए जो अब सभी भारतीय भाषाओं में प्रचलित हैं
दो चपाती के वरक़ में सब वरक़ रोशन हुए
एक रकाबी में हमें चौदह तबक़ रोशन हुए!

193

कोलाहलम्
आर्यों ने कहा :
असुर असभ्य हैं वे कोई भाषा नहीं जानते
केवल कोलाहल करते हैं
यह ख़ास हिन्दुस्तानी शोर था
जिसमें हमारा रुदन हमारा आर्तनाद ढोल-नगाड़ा गाना-बजाना हँसना-हँसाना चीख-चिल्लाहट और गाजों-बाजों के साथ नदियों की कल-कल और हिन्दुस्तानी परिंदों का कलरव भी शामिल था
जिसे कोलाहल कहा जाता था!

194

इस महादेश में
समुद्र की तरह सोख लेने की क्षमता थी
यह इतिहासकार डॉडवेल ने कहा और विंसेट स्मिथ ने लिखा :
विदेशी आक्रांता भी इस देश की समाहित करने की क्षमता से वशीभूत हुए और उनमें भी 'हिन्दूपन' आ गया
यही क्षमता इस देश की जीवनी-शक्ति थी जिससे उसने बार-बार अपना काया-कल्प किया
बुद्ध ने अपने शिष्यों को देशना देते हुए कहा :
सभी देशों में जाओ और इस धर्म का प्रचार करो उनसे कहो कि अमीर और ग़रीब सब बराबर हैं और इस धर्म में सभी जातियां इस तरह मिल जाती हैं जैसे नदियाँ समुद्र में मिलती हैं
और यह अकारण नहीं कि समुद्र ने तो इस पृथ्वी को चारों ओर से घेर रखा है लेकिन समुद्र-मन्थन इसी महादेश में हुआ!

195

पतझड़ का मौसम था और गोधूलि बेला थी
तथागत बुद्ध जिस अश्वत्थ-वृक्ष के नीचे बैठे थे वहाँ तक भी पेड़ों से उतरे हुए पत्ते उड़-उड़ कर आ रहे थे
तथागत ने कुछ सूखे हुए पत्ते अपने हाथों में उठाए और आनंद से कहा :
मेरे हाथों में जो पत्ते हैं उनके अतिरिक्त भी क्या कहीं पत्ते हैं
पतझड़ का मौसम है—आनंद ने कहा—पूरी पृथ्वी पत्तों से भरी हुई है और वे अनगिनत हैं
इसी तरह हे आनंद—बुद्ध ने कहा—इस पृथ्वी पर अनगिनत सत्य हैं—बुद्ध ने आगे कहा—मैंने तो तुम्हें दो-चार ही बताए हैं जबकि वे असंख्य हैं
और अंत में तथागत ने आनंद से कहा :
जाओ उनका संधान करो
इस महादेश में
सत्य के संधान का सिलसिला
प्राचीन काल से आज तक चला आता था!

196

दुनिया के इतिहास में अशोक से बड़ा कोई सम्राट नहीं हुआ वह सम्राटों के बीच सर्वाधिक चमकता हुआ सितारा है
इकतालीस वर्ष तक आर्यावर्त पर शासन करने वाले सम्राट अशोक के बारे में अपनी किताब 'आउट लाइन ऑफ़ हिस्ट्री' में एच.जी.वेल्स ने यह लिखा है
महान् चन्द्रगुप्त मौर्य के पौत्र अशोक ने सम्राट बनने के आठ साल बाद कलिंग को जीता इस भयानक युद्ध में सवा लाख लोग मारे गए थे और इतने ही बन्दी बना लिए गए थे
इस भीषण-रक्तपात से अशोक विरक्त हो गया बुद्ध की शरण में चला गया युद्ध नहीं करने की क़सम खाई और इसके बाद इस महान् सम्राट ने अपना पूरा जीवन बौद्ध-धर्म के विस्तार और जन-कल्याण में लगा दिया
अशोक महान् का यह लिखित आदेश था :
सब समय और सब जगह चाहे मैं खाना खा रहा हूँ चाहे रनिवास में हूँ चाहे सो रहा हूँ या स्नान कर रहा हूँ यात्रा पर हूँ या महल या बाग़ में मुझे राज-काज की सूचना हर समय मिलती रहनी चाहिए
बौद्ध-धर्म का विस्तारक होने के बावज़ूद उसने यह लिखित आदेश दिया :
सभी धर्म और मत किसी न किसी कारण से आदर पाने के अधिकारी हैं
हमें परस्पर सद्भाव और प्रतिष्ठा से रहना चाहिए
सम्राट अशोक अगर संन्यासी होता तो बुद्ध होता
और बुद्ध अगर सम्राट होता तो महान् अशोक होता!

197

हिन्दुस्तान के जिस्म में ईरान की रूह

एक फ्रांसीसी इतिहासकार एम.ग्रूस ने ताजमहल के बारे में उक्त उक्ति कही

शाहजहाँ ने दुनिया-भर से नमूने मंगवाए चीन से मंगोलिया से समरकंद-फ़रगाना से ईरान-ख़ुरासान से ईराक़-आर्मीनिया से काहिरा-अलहमरा से वेनिस-वर्साई से कुस्तुन्तुनिया-बाइजेन्तियम से

वेनिस का मशहूर कलावन्त गेरोनिमो वेरोनियों एक अद्‌भुत मॉडल के साथ और बाइजेन्तियम का तुर्क शीराज उस्ताद ईसा अपनी उज्ज्वल मुक्ताधवल कारीगरी का नमूना लिए चुपचाप बैठा था

शाहजहाँ हैरत से देख रहा था अंततः उसे उस्ताद ईसा का शिराज़ी नमूना जँच गया

काम शुरू हुआ हिन्दुस्तान के कलावन्त फ़ारस के रंगसाज़ अरब के संगतराश आर्मीनिया के पच्चीकार कुस्तुन्तिया के गुम्बजकार और वेनिस के सुनार आगरा में जमा हुए और बगदाद दिल्ली और मुल्तान के राजमिस्त्री इकट्ठा हुए

राजपूताना से संगमरमर आया सीकरी से लाल पत्थर और पंजाब से सूर्यकांत चीन से जमरूद और स्फटिक आए तिब्बत से नीलमणि अरब से मूंगा पन्ना से हीरे आए ईरान से बिल्लौर और याकूत और पुंजान से गोमेद

बाईस वर्ष तक बीस हज़ार मज़दूर नित्य काम करते रहे जिस पर तीस करोड़ रुपए ख़र्च हुए

काठियावाड़ के मज़दूर अहमदनगर-गोंडवाना के मज़दूर बंगाल-बिहार गुजरात-सिंध काबुल-पंजाब और गंगा-जमुना पार के मज़दूरों की दो पीढ़ियाँ दुनिया के इस आठवें आश्चर्य को बनाने में मरती-खपती रहीं

मुमताज का मकबरा बीच में बना और उस मज़ार का सफ़ेद पत्थर और उसके चारों ओर की नक़्क़ाशी ने किसी ईरानी बाग़ को जीवन्त कर दिया

इस मज़ार के पत्थर पर फ़ारसी में खुदा हुआ है :

आर्जूमन्द बानू बेग़म मुमताज महल की मज़ार मृत्यु 1040 हिजरी

और बाहरी मेहराबी दरवाज़े पर बारीक शब्दों में खुदा हुआ है :
पाक दिल बहिश्त के बाग़ में प्रवेश करें
चाँदी के दरवाज़े बने जिन पर क़ीमती पत्थर जड़े गए ये दरवाज़े उसी फ्रेंच सुनार आसिन द बोर्दो ने बनाए जिसने तख़्ते-ताऊस बनाकर पन्द्रह लाख का मुआवज़ा हासिल किया था
ताजमहल सिर्फ़ आर्जूमन्द मुमताज महल की ही समाधि नहीं है यह उन हज़ारों मज़दूरों का भी समाधि-स्थल है जो गुम्बदों से गिरकर दरगोर हो गए थे जो नींव में दबकर मर गए थे
दुनिया की इस सुन्दरतम इमारत का गारा मज़दूरों के रक्त से तैयार किया जाता था
जहाँ हर समय एक दबी हुई चीख सुनाई देती थी!

198

राजा को सुबह उठते ही यवन कन्या के दर्शन करने चाहिए यह शुभ होता है सम्राटों को यह सलाह कौटिल्य ने अपनी क़दीमी-कालजयी किताब 'अर्थशास्त्र' में दी है
उस ज़माने में राजदरबारों में दासियाँ और नर्तकियां यूनानी होती थीं जिसके हवाले संस्कृत-नाटकों में प्रचुर मिलते हैं
भारत से यूनान मसाले और दूसरी चीज़ें जाती थीं और बदले में भारतीय बन्दरगाहों पर गाने वाले लड़के और सुंदर यूनानी युवतियां उतरती थीं
चन्द्रगुप्त मौर्य की जीवन-शैली पर लिखते हुए मेगस्थनीज लिखता है कि उसका खाना यवनियां पकाती थीं और उसे शराब भी पेश करती थीं और जब चन्द्रगुप्त शिकार खेलने जाता था तो शस्त्रधारी यवन युवतियां उसे घेरे रहती थीं जो उसके शस्त्रों की देखभाल भी करती थीं
एक यूनानी दस्तावेज़ के अनुसार पाटलिपुत्र के राजा बिन्दुसार ने एक बार एंटीओकस को लिखा :
हमें मीठी सुगन्धित शराब अंजीर और एक यूनानी मिथ्यावादी तर्कशास्त्री ख़रीदकर भेज दो
एंटीओकस ने उत्तर में लिखा :
अंजीर और शराब भेज देंगे लेकिन यूनानी क़ानून में तर्कशास्त्री की बिक्री की अनुमति नहीं है
और जवाहर लाल नेहरू ने 'डिस्कवरी ऑफ़ इंडिया' में इस बात का संकेत किया है कि भारतियों ने समलैंगिक सम्बंधों की प्रेरणा भी यूनानियों से ली यूनानी साहित्य से पता चलता है कि वहां इसे सामाजिक मान्यता थी जबकि भारत में समलैंगिकता को बुरा समझा जाता था फ़ारसी साहित्य का माशूक़ भी युवक ही होता था
यवनिका यूनानी कपड़े से बने पर्दे को कहा जाता था और इसके आगे कुछ नहीं लिखकर बस इतना लिखता हूँ
यवनिका-पतन!

199

आज जब मैं एक फ़ारसी बुत की तलाश में मुहम्मद मुस्तफ़ा ख़ाँ 'मद्दाह' के उर्दू-हिन्दी शब्दकोश से गुज़रा तो वहाँ कई तरह के बुतों से सामना हुआ बुत के पास ही बुतक़दा था जिसे बुतखाना भी कहते हैं इसी के पास एक बुततराश बैठा था जो बुततराशी में माहिर था और वहाँ बुतपरस्तों की इतनी भीड़ थी कि लगा बुतपरस्ती यहाँ का चलन है बुतखाने से थोड़ा हटकर एक बुतफ़रोश भी बैठा था और उससे छिपकर गली के पास एक बुतशिकन घात लगाए हुए था जिसका पेशा बुतशिकनी था
यह वाक़या तब घटित हुआ जब मैंने जवाहर लाल नेहरू की किताब 'डिस्कवरी ऑफ़ इण्डिया' में यह पढ़ा कि फ़ारसी लफ़्ज़ बुत बुद्ध से बना है
अगर यह सच है तो यह भी सच है कि हमने मनुष्यता के इतिहास के सबसे जीते-जागते और सर्वाधिक प्रबुद्ध मनुष्य बुद्ध को एक बुत में बदल दिया!

200

पेशाबघर में
मक़बूल फ़िदा हुसैन की पेंटिंग टँगी हुई थी
शयनकक्ष में
एक मरी हुई औरत सोयी हुई थी
जगमगाहट थी लेकिन जघन्य थी
यह इस महादेश का एक पाँच-सितारा होटल था!

201

अकबर के दरबार में नौ रत्नों के अतिरिक्त अन्य अनेक रत्न थे अनपढ़ होने के बावज़ूद अकबर प्रतिभा का दुर्लभ पारखी था

किसी रोज़ अकबर का लश्कर किसी देहात से गुज़रता था कि अकबर की नज़र एक दरिद्र कुम्हार के बच्चे पर पड़ी जो गोबर की दीवार पर कोयले से जानवरों के चित्र उकेर रहा था अकबर वहाँ रुका और बसावन नाम के उस बच्चे को साथ ले आया और उसे दरबार के चित्रकार अब्दुसमद के हवाले कर दिया

आईने-अकबरी में अबुलफ़ज़ल लिखता है :

कुछ ही समय में बसावन ने सभी चित्रकारों को पीछे छोड़ दिया और वह दरबार का प्रमुख उस्ताद बन गया भाग्यवश उसकी प्रतिभा विक्षेप से मन्द पड़ गई और उसने आत्महत्या कर ली लेकिन वह बहुत सी यादगार कलाकृतियाँ छोड़ गया

अबुलफ़ज़ल ने एक दूसरे हिन्दू कलाकार दसवंत की प्रतिभा की भी प्रशंसा की है जो बसावन के साथ काम करता था

अकबर ने हिन्दू-मुसलमान में कोई भेद नहीं किया अकबर दिल्ली के अंतिम हिन्दू सम्राट पृथ्वीराज चौहान का वैसा ही मुरीद था जैसे असदुल्ला खाँ ग़ालिब मीर तक़ी मीर का

अकबर ने चन्द बरदाई विरचित एक लाख छन्दों वाले महाकाव्य पृथ्वीराज रासो को आद्यंत सुना था!

202

कालिदास से पूर्व सभी कुछ था
लेकिन सौंदर्य नहीं था
कालिदास के बाद दुनिया में
सौंदर्य पैदा हुआ!

203

कालिदास के श्लोकों से अधिक सुंदर और मधुर इस सृष्टि में कुछ नहीं है यह ऑक्सफ़ोर्ड यूनिवर्सिटी के प्रोफ़ेसर विल्सन का कहना था और प्रोफ़ेसर सिल्वान लेवी ने कहा :
कालिदास अद्वितीय हैं और उस हिन्दुस्तान की पहचान हैं जहाँ मानवता अपना आश्रय खोजती है

स्तम्भेषु योषित्प्रतियातनानामुत्क्रांतवर्णक्रमधूसराणाम्
स्तनोत्तरीयाणी भवन्ति संगान्निर्मोकपट्टा: फणिभिर्विमुक्ता:!

(रघुवंशम्) 16-17.

[धूल से जिनके वर्ण धूमिल हो गए हैं उन स्तम्भयोषिताओं के स्तनों के उत्तरीय जैसे सर्पों की छोड़ी केंचुलें बन गए हैं!]

उजड़ी हुई अयोध्या का ऐसा कामोत्तेजक वर्णन कालिदास ही कर सकते हैं कालिदास शव में भी सौंदर्य खोजने वाले भूतो न भविष्यति कवि थे!

204

आशिक़ कहो असीर कहो आगरे का है
मुल्ला कहो दबीर कहो आगरे का है
मुफ़लिस कहो फ़क़ीर कहो आगरे का है
शाइर कहो नज़ीर कहो आगरे का है

नज़ीर अकबराबादी एक दिन अपने आगरे में किनारी बाज़ार से गुज़रते थे कि मोती नामक तवायफ़ कोठे पर अपने बाल सुखाती थी उसने नीचे नज़ीर को गुज़रते देखकर ऊपर कोठे से कहा :

मियाँ, अपना कलाम सुना दो याद करके गाया करेंगे

मोती मान नहीं रही थी हठ कर रही थी तो नज़ीर ने उसकी तरफ़ देखकर कहा :

लिखें हम ऐश की तख़्ती पै किस तरह ऐ जां
क़लम ज़मीन के ऊपर दवात कोठे पर

सुनकर मोती झेंप गई और अंदर चली गई यह वही मोती थी जो नज़ीर पर जान छिड़कती थी

नज़ीर न मीर थे न ग़ालिब
नज़ीर अपनी नज़ीर ख़ुद थे!

205

यह तैमूरलंग का बग़दाद-विजय-अभियान था रास्ते में एक नगर को लूटा गया और नागरिक बन्दी बना लिए गए उनमें तुर्की का मशहूर शाइर अहमदी भी था
तैमूर ने अहमदी से सम्मान से पूछा :
सुना है कि शाइर इंसानों के पारखी होते हैं मेरे इन दो ग़ुलामों की क़ीमत बताओ
इनकी क़ीमत पाँच सौ सिक्कों से अधिक नहीं अहमदी ने कहा
और मेरी क़ीमत भी बताओ तैमूर ने कहा
पच्चीस सिक्कों से ज़रा भी ज़्यादह नहीं अहमदी ने तैमूर की क़ीमत ग़ुलामों से बहुत कम बताई
इन मामूली ग़ुलामों की क़ीमत पाँच सौ और मेरी पच्चीस इतने की तो मेरी टोपी है तैमूर ने कहा
उसी की क़ीमत बताई है तुम्हारी क़ीमत तो दो कौड़ी भी नहीं अहमदी ने निर्भीकता से कहा
सुनकर तैमूर स्तब्ध रह गया लेकिन उसने अहमदी का क़त्ल नहीं करवाया उसने अहमदी से कहा :
शाइर नीम पागल होते हैं यह सुना था लेकिन आज देख लिया और इस्लाम पागलों के क़त्ल की इजाज़त नहीं देता
इस नीम पागल को सरहद पार छोड़ आओ तैमूर ने आदेश दिया
अहमदी जैसे शाइर को इंसान की पहचान थी या नहीं कहा नहीं जा सकता लेकिन एक बर्बर लुटेरे तैमूर को इंसान की पहचान थी इस बात में कोई सन्देह नहीं!

206

तैमूर दिल्ली में सिर्फ़ पन्द्रह दिन रुका शाही ख़ज़ाने पर क़ब्ज़ा करके उसने अपनी तेग़ मियान से बाहर निकाली और अपने सिपाहियों से कहा जब तक यह तेग़ मियान से बाहर है दिल्ली को जी-भर लूटो और काफ़िरों को मौत के घाट उतारो
तीन दिन तक तैमूर की तेग़ मियान से बाहर रही तीन दिन तक तांडव चलता रहा तैमूर के सिपाही दिल्ली को लूटते रहे दिल्ली लाशों के ढेर में तब्दील हो गई सड़ती हुई लाशों से महामारी फैल गई जिससे तैमूर के तुर्क-तातार सिपाही बीमार होने लगे भयंकर प्रदूषण और दुर्गन्ध से बेहाल होकर तैमूर अपनी सेना के साथ हरिद्वार की तरफ़ भागा गंगा की तरफ़
दिल्ली से बहुत दूर पहुँचकर तैमूर ने गहरी सांस लेकर देखा दिल्ली की बदबू अभी तक पीछा कर रही थी उसने घोड़े को फिर ऐड़ लगाई
तब से जमुना में कितना पानी बह गया
लेकिन पुरानी दिल्ली से वह बदबू जाती ही नहीं!

207

यह महादेश
एक महाश्मशानघाट था
और मणिकर्णिका
उसका सर्वाधिक जगमगाता प्रदेश!

208

जब भी लिखता था
हिन्दनामा
अँगुलियों से रक्त टपकने लगता था
एक हाहाकार सुनाई देता था
एक आर्तनाद एक कोहराम एक कोलाहल
कंठ में दबी रहती थी कोई चीख
जैसे लिखता था
किसी सामूहिक नर संहार की
प्रथम सूचना रिपोर्ट
जैसे मैं आग से आग बुझाता था!

209

आज पुरानी दिल्ली में एक दीवार के साये के तले बैठे हुए ख़ुदा-ए-सुख़न मीर तक़ी मीर मिल गए
मैं उनके पाँव छूने के लिए जब नीचे झुका तो मेरा साया भी झुका जब कुछ और झुका तो मेरा साया भी कुछ और झुका और मेरा सिर उस दीवार से टकराते-टकराते बचा जिस के साये के तले बैठे हुए मीर चिल्ला खींच रहे थे
मैं लड़खड़ाया
और गिरते-गिरते बचा!

210

तैमूर भी क्राइस्ट की तरह गड़रिया था
एक शाम बालक तैमूर जब जंगल से भेड़ चराकर लौटा तो देखा मंगोल सारी बस्ती को उजाड़कर लूटकर वीरान कर गए और उसके परिजनों समेत सारे लोग मार डाले गए या बन्दी बनाकर समरकंद ले जाए गए
तैमूर शहरे-सब्ज़ में पैदा हुआ था और पूरी बस्ती का चहेता बच्चा था एक दिन तैमूर को अपने घर में पुरखों की ज़ंग लगी तलवार मिली तैमूर उसको चमकाने लगा उस पर सान चढ़ाने लगा
पड़ोसी करामतुल्ला ने यह नज़ारा देखकर बालक तैमूर से कहा :
यह क्या कर रहे हो तलवार पर सान क्यों चढ़ा रहे हो तुम भेड़ चराने वाले गड़रिये हो तुम्हारा तलवार से क्या काम सात दिन में फिर तलवार को ज़ंग लग जाएगी
चचा, अब यह तलवार सदा चमकती रहेगी यह हमेशा धारदार रहेगी और मैं भी सारा जीवन भेड़ें नहीं चराऊंगा
करामतुल्ला तैमूर की बात सुनकर हतप्रभ रह गया और उसके लिए दुआ करने लगा
उसके बाद तैमूर की तलवार की धार कभी मन्द नहीं पड़ी कभी कुंद नहीं हुई
दोनों ही गड़रिये थे
एक ईसा मसीह बना दूसरा तैमूरलंग!

211

गधा इस महादेश का
लोकप्रिय चौपाया था
जिसे गर्दभ या खोता भी कहा जाता था
यह आर्यों की तरह बाहर से आया
या यहाँ का मूलनिवासी था
कुछ कहा नहीं जा सकता
यह द्विज था या शूद्र
इस बारे में मनुस्मृति मौन है
जो गधे घर के न घाट के रहते थे
उन्हें हम एक छोटी गाड़ी में जोत लेते थे
गधागाड़ी इस महादेश का आविष्कार था
गधागाड़ियाँ इस महादेश की सड़कों पर
सरपट दौड़ती रहती थीं!

212

भर्तृहरि का किंचित तंज़ से कहना था कि जिसके पास धन है वही कुलीन है वही बुद्धिमान और वही श्रेष्ठ

ईस्ट इंडिया कम्पनी ने अपने एक मुलाज़िम बुकानन को इस महादेश के शहरों क़स्बों के सर्वेक्षण के काम पर लगाया बुकानन मूलत: सर्जन था लेकिन प्राकृतिक इतिहास और भूविज्ञान में उसकी रुचि को देखते हुए उसे यह काम सौंपा गया

बुकानन 1811 में पटना गया और अपनी रिपोर्ट में दर्ज किया :

कुछ उच्च जाति के ग़रीब थे जो अपने से निम्न जाति के घरों में नौकरों का काम करते थे

बुकानन ने आगे लिखा :

मैंने ख़ुद अपनी आँखों से कई उच्च वर्ग के ब्राह्मणों को निम्न जाति के लोगों के यहाँ बरतन धोते हुए देखा

बुकानन की रिपोर्ट के अनुसार उस समय पटना में 97500 मुसलमान और 214500 हिन्दू थे 30 हज़ार व्यापारी 78 हज़ार शिल्पकार और 66 हज़ार श्रमिक थे पेशे के आधार पर वर्ग बने हुए थे और सब आपसी सद्भाव से रहते थे

मुसलमानों में सैयद पठान और मुग़ल थे और हिन्दुओं में ब्राह्मण राजपूत और कायस्थ प्रमुख थे कुछ निम्न जाति के समृद्ध धनी व्यापारी भी थे जिनकी ज़मीनों पर नौकर और ग़ुलाम काम करते थे

इस महादेश में स्वर्ण ही सवर्ण था!

213

कोई हँस रहा था कोई रो रहा था
कोई उतार रहा था कोई धो रहा था
कोई गा रहा था कोई चिल्ला रहा था
कोई आ रहा था कोई जा रहा था
कोई बिखेर रहा था कोई बा रहा था
कोई भूखा था कोई खा रहा था
कोई जला रहा था कोई बुझा रहा था
कोई गिरा रहा था कोई उठा रहा था
कोई फूंक रहा था कोई बजा रहा था
कोई डूब रहा था कोई नहा रहा था
इस महादेश में
जश्न और मातम एक साथ चलता रहता था!

214

दिल्ली-दयार में आज एक युवाकवि के साथ एक मदिरालय से जब दो मद्य-कलश ख़रीदकर निकलता था तो एक फटेहाल युवक कातर निगाहों से मेरी तरफ़ देखते हुए पास आकर कहने लगा :
दस रुपए कम पड़ रहे हैं सर
क्या खाने के लिए कम पड़ रहे हैं
मैंने जिज्ञासावश पूछा
नहीं सर पव्वे के लिए
वह शर्माते हुए बोला
मैंने उसे बीस रूप्यकाणि अर्पित किए और सोचने लगा कि वेश्यालयों के बाहर भी किसी के पास कम पड़ते होंगे क्या और जिसके पास कम पड़ गए हों वह किसी से गुहार लगाता होगा क्या
जिन गलियों से गुज़रे नहीं
उनके बारे में क्या कहा जाए सिर्फ़ यही कहा जा सकता है कि हे ईश्वर इस महादेश में किसी के पास भी किसी काम के लिए कभी कम नहीं पड़े!

215

हमने किताबों के लिए
ख़ून बहाया
ख़ून की नदियाँ बहाकर
हमने किताबें लिखीं
इस महादेश के पोथीखाने रक्तरंजित थे!

216

अवर्त्या शुन आंताणि पेचे!
[दरिद्रता के कारण मुझे कुत्ते की अंतड़ियाँ पका कर खानी पड़ीं!]

मेरी स्त्री ने मेरी बाँहों में दम तोड़ दिया
तब चील मेरे लिए सोमरस लाई
ऋग्वेद में वामदेव नाम के ऋषि की यह कटु आत्म-स्वीकृति हमें बताती है कि जिसे आज हम ग़रीबी और अभाव कहते हैं वह दरिद्रता इस महादेश में अतिप्राचीन काल से वर्तमान थी
दरिद्रता इस महादेश में
सड़कों पगडंडियों और राजमार्गों पर
अतीतकाल से आज तक
हर दिन कुत्ते की तरह कुचली जाती रही थी
Like a dog!

217

गीता भी उपनिषद् है
ब्राह्मण नहीं क्षत्रिय उपनिषद्
उपनिषदों का उपनिषद्
अन्य उपनिषद् गायें हैं
लेकिन गीता दुहा हुआ काढ़ा हुआ दूध है
कृष्ण जिसके दोग्धा-दुहने वाले हैं
एक धारोष्ण दूध की धार
जिसमें केवल ओक लगाने की ज़रूरत है
अन्य उपनिषद् रूपी अश्वत्थ की जड़ें पृथ्वी में हैं लेकिन गीता रूपी अश्वत्थ की शाखाएँ अधोमुखी हैं और इसकी जड़ें आकाश में
ऊर्ध्व मूलमध: शाखा
इस अश्वत्थ के अनन्त-अनन्त पत्ते हैं
जिसका पत्ता-पत्ता वेद है

छन्दांसि यस्य पत्राणि

और इन वेदवत पत्तों को जानने वाला ही वास्तव में वेदों को जानने वाला है

यस्तं वेद स वेदवित

इस अश्वत्थ-वृक्ष के पत्ते झरते रहते थे
और नये पत्ते उगते रहते थे
गीता हो चुका ज्ञान नहीं
नित नया होता हुआ ज्ञान था!

218

पहले यह महादेश वर्गमुक्त और अविभक्त था
वर्ण-व्यवस्था बाद में अस्तित्व में आई
और इसके बाद धर्म बना
इसके बारे में बृहदारण्यकोपनिषद् में एक दिलचस्प कथा कही गई है
सर्वप्रथम सभी ब्राह्मण थे
लेकिन समाज का विकास सही तरह से नहीं हो रहा था तो एक क्षत्रिय वर्ण की सृष्टि की गई तब भी समाज का विकास सही गति से नहीं हुआ तो एक वैश्य वर्ण की और सृष्टि की गई लेकिन फिर भी समाज अपेक्षाकृत विकसित नहीं हुआ तब जाकर दूसरों का पोषण करने वाले शूद्र वर्ण की रचना की गई और इसके बाद इन चार वर्णों को बाँधने के लिए धर्म का आविष्कार किया गया
कालांतर में वर्णों को पशुओं की तरह बाँधने के लिए बनाए गए इस मज़बूत रस्से जेवडे को हिन्दू-धर्म के नाम से पुकारा गया!

219

पुराणमित्येव न साधु सर्वं!
न नवमित्यवद्यम्!

पुराना सब कुछ अच्छा नहीं
नया सब कुछ वन्दनीय नहीं
यह महादेश आधा पुराना था
आधा नया
आधा अच्छा था आधा बुरा
आधा त्याज्य था आधा ग्राह्य!

220

एक रेशम मार्ग था
दूसरा मध्यम मार्ग
हम दूसरे मार्ग से गुज़रे
पहले वालों के क़ाफ़िले कभी के लुट चुके थे
हम अभी भी चल रहे थे
और यह महादेश भी हमारे साथ
अपनी मद्धम चाल से चल रहा था!

221

यदि अमीर ग़रीब को और ताक़तवर कमज़ोर को सताना बन्द कर दे तो
यह धरती स्वर्ग हो जाए
अथर्ववेद में स्वर्ग को ऐसी जगह कहा गया है जहाँ दुर्बलों को बलवानों
को शुल्क नहीं देना पड़ता :

स नाकमभ्यारोहित यत्र शुल्को न क्रियते अवलेन बलीयसे!

(अथर्ववेद) 3.29.3.

लेकिन स्वर्ग में यदि बाहुबली नहीं होंगे तो बाहुबलाएँ होंगी जिन्हें हूर और
अप्सरा भी कहा जाता है
शुल्क तो वहाँ भी अदा करना पड़ेगा
मुफ़्त में जन्नत किसे मिली है!

222

कठोपनिषद् में ब्राह्मण को अग्नि से विभूषित किया गया है
जब नचिकेता यमराज के घर पहुँचा तो यमराज नहीं थे तीन दिन तक बिना आहार ग्रहण किए नचिकेता प्रतीक्षा करता रहा
तीसरे दिन यमराज आए तो देखा यह अग्नि तीन दिन से मेरे घर में सुलग रही है क्योंकि ब्राह्मण घर में अग्नि की तरह प्रवेश करता है
यमराज ने अपने भृत्यों से कहा इस अग्नि-शमन के लिए अर्घ्य पाद्य जलदानादि लेकर आओ
यमराज को यह भी ख़याल आया कि जिस घर में कोई भूखा ब्राह्मण हो उस घर के मन्दबुद्धि मालिक की सभी आशाएँ सभी प्रतीक्षाएँ सभी संगत सभी सुखराशि कूपादि खेत खलिहानों सहित पुत्र और पशु धन इत्यादि सभी ऐश्वर्य नष्ट हो जाते हैं
ब्राह्मण की नाभि में
एक अखण्ड धूणा सुलगता रहता है
यमराज तक ब्राह्मण से कांपता था!

223

तब यमराज ने कहा :

हे नचिकेता, तू अनंतकाल तक ज़िन्दा रह और इस मृत्यलोक में जो भी भोग हैं उनको भोग तू कुछ भी मांग ले कितनी भी भूमि कितने भी ऐश्वर्य तुम्हारे लिए कितने ही रथ तैयार हैं और वाद्यविशेषों के साथ कितनी ही सुंदरियाँ तैयार हैं ऐसी सुंदरियाँ जो मनुष्यों को प्राप्त नहीं हैं जिन्हें तुम मेरी अनुकम्पा से प्राप्त कर सकते हो और ऐसी दुर्लभ रमणियों से तुम पाद-प्रक्षालन करवाओ लेकिन मुझसे यह मत पूछो कि मृत्यु क्या है और मृत्यु के बाद आत्मा का क्या होता है

ऐसा आकर्षक प्रस्ताव किसी को भी विचलित करने को पर्याप्त था लेकिन उस नचिकेता नामक ब्राह्मण-बटुक ने यमराज से कहा :

ऐसे ऐश्वर्य क्षणभंगुर हैं ये रथ ये सुंदरियाँ ये नृत्य-गीत आप अपने पास रखिए

मैं जानना चाहता हूँ कि मृत्यु क्या है और मृत्यु के बाद आत्मा का क्या होता है!

224

कठोपनिषद्कार कठोपनिषद् को एक उत्कृष्ट रहस्यमय कथा कहता है तब मृत्यु और आत्मा के बारे में रहस्य को उजागर करते हुए यमराज ने नचिकेता से कहा :

इन्द्रियों से श्रेष्ठ विषय है विषयों से श्रेष्ठ मन है मन से श्रेष्ठ बुद्धि है और बुद्धि से श्रेष्ठ आत्मा है

व्यक्त से अव्यक्त श्रेष्ठ है अव्यक्त से आत्मा श्रेष्ठ है और आत्मा से परे कुछ नहीं आत्मा सर्वश्रेष्ठ है

अविद्या से आच्छादित प्राणियों में यह चैतन्य रूप प्रकाशित नहीं होता एकाग्र और सूक्ष्म बुद्धि द्वारा ही इसका साक्षात्कार किया जा सकता है

विवेकवान अपनी सभी इन्द्रियों को निरुद्ध करे अपने मन को बुद्धि में विलीन करे और इसके बाद बुद्धि को आत्मा में विलीन करे

उठो जागो और श्रेष्ठ मनुष्यों के पास जाकर इस आत्मज्ञान को प्राप्त करो

कवि कहते हैं कि यह ज्ञान सान पर तेज़ की गई तीक्ष्ण धार की तरह दुस्तर है यह ज्ञान दुर्गम है

यह ज्ञान शब्द स्पर्श और रूप से रहित है रस तथा गन्ध से शून्य और बुद्धि और आत्मा से श्रेष्ठ तथा ध्रुव है जिसे जानकर मनुष्य मृत्यु के मुख से मुक्त हो जाता है

और अंत में कठोपनिषदकार कहता है कि इस रहस्य-रोमांच से भरी कथा का जो भी विद्वानों की सभा में पाठ करेगा उसे अनन्तफल प्राप्त होगा!

225

गुज़रे वक़्तों का असर है हिन्दनामा में अभी
दौरे-हाज़िर कब किधर है हिन्दनामा में अभी
मेरी जानिब एक भी पत्थर अभी आया नहीं
कुछ कमी है कुछ कसर है हिन्दनामा में अभी!

226

बौद्ध और जैन धर्म नहीं होते
अगर मक्खलि गोसाल नहीं होता
मक्खलि गोसाल बुद्ध और महावीर का समकालीन था लेकिन उनसे अधिक प्रसिद्ध
वेदों का प्रथम निंदक
प्रथम आजीवक
प्रथम नास्तिक
एक कुम्हार-पुत्र मक्खलि ईश्वर का प्रथम हत्यारा था
नीत्शे तो अभी इधर का आविष्कार है!

227

इस संसार में सुख-दुख इतने निश्चित हैं
कि उनको नापा जा सकता है
और उन्हें कम या अधिक नहीं किया जा सकता
नियतिवादी नास्तिक मक्खलि गोसाल का कहना था कि किसी में सामर्थ्य नहीं है कोई समर्थ नहीं है सब अवश दुर्बल और निर्वीर्य हैं सभी मनुष्य नियति संगति और स्वभाव की उपज हैं
बुद्धिमानों और मूर्खों दोनों का चौरासी लाख महाकल्पों के चक्कर के बाद दुख नाश होता है यह लुढ़काया हुआ सूत का गोला पूरा खुलने पर ही थमेगा
और वेदों के लिए मक्खलि गोसाल का कहना था कि वेद भांडो धूर्तों और निशाचर राक्षसों के बनाए हुए हैं

त्रयो वेदस्य कर्तारो भण्डधूर्त निशाचरा:

मक्खलि गोसाल यह भी पूछता है कि अग्निष्टोम यज्ञ में मारा गया पशु यदि स्वर्ग जाता है तो यजमान अपने बाप का वध क्यों नहीं करता

पशुश्चेन्निहत: स्वर्गं ज्योतिष्टोमे गमिष्यति
स्वपिता यजमानेन तत्र कस्मान्न हिंस्यते!

228

एक समय श्रमणों के 62 पन्थ थे जो कालांतर में एक-दूसरे में विलीन या विलुप्त हो गए

पालि-वांग्मय में 6 श्रमण संघों का उल्लेख मिलता है जिनमें नियतिवादी मक्खलि गोसाल के अतिरिक्त

एक पूरण कस्सप था जो अक्रियवादी था जिसका मानना था कि कोई कुछ भी करे-करवाए काटे-कटवाए शोक करे या कराए प्राणियों को मार डाले डाका डाले चोरी करे बटमारी करे परस्त्रीगमन करे असत्य बोले कोई पाप नहीं लगता इसी तरह दान और यज्ञ से कोई पुण्य नहीं मिलता

अजित केसकम्बल उच्छेदवादी था उसका कहना था कि मनुष्य चार भूतों से बना है और जब वह मरता है तो उसके अंदर की पृथ्वी-धातु पृथ्वी में आपो-धातु जल में तेजो-धातु अग्नि में और वायु-धातु वायु में विलीन हो जाती है और इन्द्रियाँ आकाश में चली जाती हैं मृत्यु के अनन्तर कुछ शेष नहीं रहता

पकुध कच्चायन अन्योन्यवादी था उसके अनुसार यह संसार सात पदार्थों यथा पृथ्वी जल तेज वायु सुख दुख और जीवात्मा पर टिका हुआ है और अगर कोई तीक्ष्ण हथियार से किसी का गला काट दे तो समझना चाहिए कि सात पदार्थों के बीच के अवकाश में शस्त्र घुस गया है

संजय बेल-पुत्र विक्षेपवादी था उसका कहना था कि यदि कोई कहे कि परलोक है तो मुझे लगेगा जैसे है और यदि कहे कि परलोक नहीं है तो मुझे ऐसा ही लगता है किसी भी बारे में मेरी कोई निश्चित राय नहीं है

और निगुंठ ज्ञातपुत्त चातुर्यामसंवरवादी था महावीर नाम के इस चौबीसवें तीर्थंकर ने पार्श्वनाथ के चार यामों यथा अहिंसा सत्य अस्तेय और अपरिग्रह में ब्रम्हचर्य का पाँचवाँ याम जोड़ दिया

यदि ये श्रमण-संघ नहीं होते तो बौद्ध और जैन-धर्म होते या नहीं कहा नहीं जा सकता!

229

कवि कल्पनाविहीन थे
बुद्धिजीवी बुद्धिहीन
कलाकारों के पास कला नहीं थी
रंगमंच विदूषकों के हवाले था
संगीत अब एक स्मृति थी
यह आधुनिक भारतीय त्रासदी थी!

230

कार्ल मार्क्स को इस बात का विश्वास था कि भारत जैसे चित्ताकर्षक देश का पुनरुत्थान अवश्य होगा जहाँ के निम्न वर्गों के सौम्य नागरिक भी ए.डी. साल्तीकोव के शब्दों में Plus fins et adroits que les italiens

इटली के निवासियों से भी अधिक कुशाग्र और कुशल होते हैं

यही बात ईस्ट इंडिया कम्पनी के एजेंट कैम्पबेल को कहने पर मज़बूर होना पड़ा था :

भारतीय जनता के अधिसंख्य समुदायों में ज़बरदस्त औद्योगिक क्षमता मौजूद है पूँजी जमा करने की उनमें अच्छी योग्यता है गणित सम्बन्धी उसकी कुशाग्रता अद्भुत है और हिसाब-किताब और तथ्य-विज्ञान में वे शीघ्र दक्षता प्राप्त कर लेते हैं

कार्ल मार्क्स का यह भी कहना था कि विश्व बाज़ार तथा उत्पादन की आधुनिक शक्तियों के विरुद्ध भारत में जब एक महान सामाजिक क्रांति होगी तभी उन्हें प्राचीन मूर्ति-पूजकों के घृणित देवों से छुटकारा मिलेगा जो इंसानों की खोपड़ियों के अलावा किसी और पात्र में अमृत पीने से इनकार करते हैं

भारत आज़ाद हो गया

लेकिन यहाँ के देव अभी भी एक महान सामाजिक क्रांति के इन्तज़ार में खप्पर में सोमरस पी रहे थे!

231

कोई एक किताब नहीं थी
कोई अंतिम किताब नहीं थी
हर नई किताब
पुरानी किताब का खण्डन थी
यह महादेश
एक लिखी जा रही किताब था!

232

दिल्ली का अंतिम हिन्दू सम्राट पृथ्वीराज चौहान नहीं हेमचन्द्र बनिया था
जो विक्रमादित्य के विरुद से 1555 में बहुत कम समय के लिए दिल्ली
के सिंहासन पर आरूढ़ हुआ था
हेमचन्द्र शेरशाह का विश्वासपात्र था उसने उसकी वित्त-व्यवस्था इतनी
कुशलता से सम्भाली कि शेरशाह का कोष कभी ख़ाली नहीं हुआ साथ
ही हेमू ख़ुद कुशल योद्धा था जिसने शाहाबाद-सहसराम के तलवार निपुण
तरुणों को पलीतेवाली बन्दूक चलाना सिखाया
हेमू ने अपने रण-कौशल से बार-बार मुग़लों को शिकस्त दी तुग़लकाबाद
की जीत उसकी यादगार जीत थी लेकिन पानीपत की लड़ाई में वह अकबर
की सेना से पराजित हो गया जिसके बारे में 'दरबार अकबरी' किताब में
लिखा गया है :
पानीपत में अद्‌भुत घमासान रन पड़ा
हेमू विकट योद्धा था वह तराजू-बाट उठाने वाला दाल-चपाती खाने वाला
हौदे के बीच नंगे सिर खड़ा था हेमू का प्रमुख सरदार शादीखान पठान कट
कर मिट्टी में गिर पड़ा सेना अनाज के दानों की तरह बिखर गई लेकिन
हेमू ने हिम्मत नहीं हारी वह हाथी पर सवार चारों तरफ़ फिरता रहा सब
सरदारों को नाम लेकर पुकारता था कि एक तीर उसकी आँख के आर-पार
हो गया और हेमू हौदे में गिर पड़ा यह देखकर उसकी सेना तितर-बितर
हो गई और पानीपत का मैदान अकबर के हाथ रहा
इस महादेश के वणिक समुदाय में जहाँ जगतसेठ और अमीचन्द जैसे
गद्‌दार पैदा हुए वहीं हेमू जैसा देशभक्त वीर भी पैदा हुआ जिसे मुस्लिम
इतिहासकार हेमू बक़्क़ाल लिखते हैं और इस देश का जनमानस उसे हेमू
बनिया के नाम से याद करता है!

233

वैशाली गणराज्य इन दिनों बनिया बसाढ़ के नाम से मशहूर था
बसाढ़ यानी वैशाली
प्रसिद्ध बज्जियों की राजधानी जिसके बाज़ार को बनिया कहा जाता था
वाणिय गांम नयर
बसाढ़ और उसके आसपास सर्वाधिक प्रभावशाली और दबंग लोग भूमिहार हैं जिनके बारे में महापंडित राहुल सांकृत्यायन ने एक दिलचस्प आकलन किया है :
भूमिहार मूलत: जथरिया (ज्ञात्रि-पुत्र) हैं जो आजकल पक्के ब्राह्मण बने हुए हैं जिस जाति को एक दूसरा जथरिया-क्षत्रिय वर्धमान महावीर भिखमंगों की जाति कहता था और यह भी कहता था कि ब्राह्मण जाति तीर्थंकरों के जन्म लेने योग्य नहीं है
राहुलजी आगे लिखते हैं :
मैंने जब बसाढ़ के एक बुजुर्ग भूमिहार से कहा कि आप लोग ब्राह्मण नहीं क्षत्रिय हैं तो उसने झट से मुझे नीमसार से आकर जेथरडीह बसने वाले ब्राह्मणों की कहानी सुना दी
महापंडित ने आगे लिखा :
यह आश्चर्य की बात है कि भूमिहारों को अपने समृद्ध प्रतिभाशाली वीर स्वतन्त्र ज्ञात्रि-जाति के ख़ून की उतनी परवाह नहीं है जितनी ख़ुद को एक धनहीन बलहीन विद्याजड़ कूपमण्डूक मिथ्याभिमानि जाति में परिगणित कराने की
और अंत में राहुलजी ने यह कहावत भी लिखी :
सब जात में बुड़बक जथरिया
मारे लाठी छीने चदरिया
और राहुल सांकृत्यायन कदाचित् यह भी कहना चाहते हों कि तीर्थंकर वर्धमान महावीर भी भूमिहार थे!

234

जो मृतक थे वे जीवित थे
जो जीवित थे वे मृत
जो जीवित थे उनके सौ स्वांग थे
मरे हुए कवि मुफ़ीद थे
मनुष्यों का पता जीते-जी चलता था
कवियों का मरने के बाद
यह महादेश
कवियों की वसुंधरा थी!

235

हिन्दनामाकार ह्वेनसांग फ़ाह्यान या इब्न बतूता की तरह परदेसी मुसाफ़िर नहीं था वह अपने ही देश का सफ़र कर रहा था और अपने ही देश का सफ़रनामा लिख रहा था और उसकी 9 जनवरी, 2016 की डायरी में यह इन्द्राज पाया गया है :

कुछ दिनों पहले सोनपुर-मेला ख़त्म ही हुआ था कि दिल्ली में विश्व-पुस्तक-मेला शुरू हो गया जिसके तुरंत बाद जयपुर का बदनाम साहित्य मेला शुरू होने वाला है जिसके आसपास ही लूणियाबास में विश्वप्रसिद्ध गर्दभ-मेला शुरू होगा उसके बाद नागौर का पशु-मेला आरम्भ होगा और उसके बाद राणी सती-मेला

इस महादेश में हर चीज़ का मेला था

मेला मतलब मेल-मिलाप ख़रीद-फ़रोख़्त हँसी-ठट्ठा रोना-गाना जीना-मरना खाना-पीना ठगना-ठगाना लुटना-लुटाना

मेला-ठेला इस महादेश की फ़ितरत थी!

236

अंगुत्तरनिकाय के अट्ठकनिपात में तथागत बुद्ध अपने भिक्षुओं से कहते हैं : हे भिक्षुओ, गंगा यमुना अचिरवती सरजू और मही नामक नदियाँ महासमुद्र में विलीन हो जाती हैं उसी तरह क्षत्रिय ब्राह्मण वैश्य और शूद्र ये चारों वर्ण तथागत के संघ में प्रवेश के बाद अपने पुराने गौत्र-नाम की जगह श्रमण के नाम से पहचाने जाते हैं

श्रमण-संघों में किसी तरह का कोई जातीय भेदभाव नहीं था किसी भी वर्ण का मनुष्य श्रमण होकर किसी भी संघ में प्रविष्ट हो सकता था हरिकेशिबल चांडाल निर्ग्रन्थों-जैनियों के संघ का महान् साधु था बुद्ध के भिक्षु-संघ में भी श्वपाक नामक चांडाल और सुनीति नामक भँगी जैसे अस्पृश्य वर्गों के महान् साधु थे जिनकी सेवा के लिए क्षत्रिय ब्राह्मण और वैश्यों में होड़ मची रहती थी

धर्मानन्द कोसंबी बौद्ध और जैन-सम्प्रदायों को हिन्दू-धर्म के दो महाद्वार मानते थे और कहते थे कि ग्रीक शक हूण मालव गुर्जर आदि बाहर की जातियों ने इन्हीं दो रास्तों से हिन्दू-धर्म में प्रवेश किया प्रथमत: ये लोग जैन या बौद्ध होते और फिर यथारुचि ब्राह्मण क्षत्रिय या वैश्य बनते

यह विचित्र है कि बहुत सारे श्रमण-संघों में से केवल बौद्ध और जैन-संघ का ही लिखित साहित्य आज उपलब्ध है

अगर बौद्ध और जैन-वांग्मय नहीं होता तो इस विविधवर्णी महादेश के कितने ही अभागे अज्ञातकुलशील आजीवकों के क्रांतिकारी विचार और उनके नाम विलुप्त हो जाते!

237

उस समय काशी में नंगे घूमने वाले नागा-अघौरी-परमहंस बाबाओं की संख्या बहुत अधिक थी

तब वहां गोडविन नाम का एक अंग्रेज़ कलेक्टर था उसे यह सब देखकर अजीब लगता था तब उसने एक युक्ति निकाली

जो भी नंग-धड़ंग बाबा सड़क पर मिलता उसे पुलिस वाला गोडविन साहब के पास ले जाता गोडविन उससे कई लोगों के सामने पूछता—क्या तुम परमहंस हो और जब वह हाँ कहता तो अंदर से खाना मंगवाता और उस परमहंस को उसे खाने को कहता लेकिन बाबा एक अंग्रेज़ एक म्लेच्छ का अन्न कैसे खा सकता था इनकार कर देता

इसके बाद गोडविन उससे कहता कि तुम्हारे शास्त्रों के अनुसार तो परमहंस किसी भी प्रकार का भेद-भाव नहीं करता लगता है तुम सच्चे परमहंस नहीं हो यह सुनकर परमहंस निरुत्तर हो जाता और लंगोटी पहनने को बाध्य होता या कर दिया जाता

एक बार पुलिस वाले तेलंग स्वामी नामक एक प्रसिद्ध संन्यासी को पकड़ कर लाए गोडविन के बंगले के बाहर भीड़ इकट्ठा हो गई गोडविन ने सबके सामने तेलंग स्वामी से पूछा—क्या आप परमहंस हैं स्वामी ने जब हाँ में उत्तर दिया तो साहब ने उससे पूछा—क्या आप मेरा अन्न खाएँगे इस पर तेलंग स्वामी ने गोडविन से कहा—क्या आप मेरा अन्न खाएँगे तो गोडविन ने कहा—यद्यपि मैं परमहंस नहीं हूँ लेकिन मैं किसी का भी अन्न खा लेता हूँ यह सुनकर तेलंग स्वामी ने वहीं अपने हाथ पर मल त्याग किया और अपना हाथ बढ़ाकर कलक्टर गोडविन से बोले—लो खाओ

साहब को देखकर बहुत घृणा हुई और उन्होंने स्वामीजी से कहा—क्या यह किसी मनुष्य के खाने योग्य है

यह सुनकर तेलंग स्वामी ने वह विष्ठा खाकर हाथ झाड़-पोंछ कर साफ़ कर लिया और अपने शिष्यों के समूह के साथ किसी मस्त सांड की तरह लौट गए

गोडविन हैरान होकर उन्हें जाते हुए देखता रहा उसके बाद तेलंग स्वामी को काशी में नंग-धड़ंग घूमने पर किसी ने नहीं रोका

यह विचित्र-विलक्षण घटना 18वीं सदी के अंत की है इस कथा को काशी के पंडित आज भी गर्व से सुनाते हैं और यह वृत्तान्त सबसे पहले काशी-यात्रा नामक ग्रंथ में प्रकाशित हुआ था जिसे बहुत से विदेशी लेखकों ने अपनी भारत सम्बन्धी किताबों में उद्धृत किया है!

238

अल-बरूनी ग्यारहवीं शताब्दी में महमूद ग़ज़नवी के साथ हिन्दुस्तान आया था
उसने हिन्दुस्तान के बारे में एक किताब लिखी जिसका शीर्षक था—किताब फ़ी तहक़ीक़ मा लिल हिन्द मिन मक़ाला मक़्बूला फ़िल अक़्ल-ओ-मरजूला जिसे किताब-उल-हिन्द के नाम से जाना जाता है
अल-बरूनी किसी भी काल का प्रथम भारतविद् (Indologist) था और उसने हिन्दू-विद्वानों के संपर्क से हिन्दुस्तान के तब तक के उपलब्ध ज्ञान-विज्ञान गणित-रसायन जन-जीवन भूगोल-खगोल सब के बारे में अपनी किताब में लिखा—
अपनी किताब के कीमिया और रसायन अध्याय में अल-बरूनी लिखता है कि लेकिन वह हिन्दुओं से यह नहीं जान पाया कि वे इस विज्ञान में कौन सी पद्धति अपनाते हैं और इसमें वे मुख्यत: किस तत्त्व का प्रयोग करते हैं—खनिज पशु या वनस्पति का
अल-बरूनी कहता है कि हिन्दू अपना अंतिम रहस्य और अंतिम सत्य किसी अजनबी को नहीं बताते!

239

ग़ुलाम से बादशाह बनने वाला गयासुद्दीन बलबन छोटे क़द का और बेहद कुरूप था
एक बार बलबन बुखारा के बाज़ार से गुज़रता था कि एक फ़क़ीर ने उसको अपमान भरे शब्दों में पुकारा :
अरे ओ तुरकक अरे ओ तुरकडे
बलबन नाराज़ नहीं हुआ उसने फ़क़ीर के पास जाकर आदर से कहा—
हाज़िर, ऐ ख़ुदाबंद
फ़क़ीर उसकी बात से प्रसन्न हुआ और बलबन से कहा मुझे एक अनार ख़रीदकर दो
बलबन के पास जितने पैसे थे उससे एक अनार आ गया उसने अनार फ़क़ीर को भेंट किया फ़क़ीर ने अनार लेकर ख़ुश होकर बलबन से कहा :
जाओ मौज करो हमने तुमको हिन्दुस्तान दे दिया
इस पर बलबन ने कहा :
जी मुझे स्वीकार है
यही बलबन ख़रीदे हुए ग़ुलामों के साथ बादशाह शम्सुद्दीन अल्तमश के दरबार में पहुँचा जहाँ उसे भिश्ती का काम सौंपा गया कुछ दिनों में बलबन भिश्तियों का प्रमुख बन गया कुछ दिन बाद सिपाही और कुछ दिन बाद सेना का सरदार बन गया इसके कुछ दिन बाद बलबन अल्तमश का दामाद बनकर उसका नायब बन गया और एक दिन बुखारा के उस अज्ञात फ़क़ीर की भविष्यवाणी सच करने के लिए बादशाह का क़त्ल करके हिन्दुस्तान का शहंशाह बन गया
यह उस ज़माने की बात है जब हिन्दुस्तान की क़ीमत एक पके हुए अनार के बराबर हुआ करती थी!

240

चार्वाक कौन था
या यह चार्वाकों-भौतिकवादियों की कोई परम्परा थी
वेद और वैदिक-धर्म के खण्डन की परम्परा
भारतीय शास्त्रों और पुराणों ने चार्वाकों को खलनायक की तरह प्रस्तुत किया है नैषधीय-चरित के अनुसार चार्वाक और कलयुग का आगमन साथ-साथ हुआ
कहते हैं कि प्रथम चार्वाक एक राजा था जो स्वयं दार्शनिक और विद्वान था जो अपनी पत्नी से अत्यधिक प्रेम करता था कुछ पाखण्डी पुरोहितों ने उसे अश्वमेध के लिए उकसाया और इस यज्ञानुष्ठान के अन्तर्गत उसकी पत्नी पर अश्व को चढ़ा दिया फलस्वरूप अत्यंत पीड़ा से उसकी पत्नी की मृत्यु हो गई और राजा विवश खड़ा देखता रहा
इस अप्रत्याशित घटना से राजा बहुत दुखी हुआ और वह विद्रोही हो गया वह बैरागी नहीं बना और एक क्रांतिकारी विद्रोही की तरह जीवन-भर वेदों कर्मकाण्ड और यज्ञानुष्ठान का विरोध करता रहा उसने कहा :

अश्वस्यहि शिश्नन्तु पत्नगाह्यम प्रकीर्तितम्!
[इस अश्वमेध में अश्व का शिश्न यज्ञमान की पत्नी को अपनी योनि में ग्रहण करना होता है और यह काम कोई धूर्त ही कर सकता है!]

उस राजा ने यह भी कहा :

त्रयो वेदस्य कर्तारों धूर्त भण्ड निशाचर
जर्फरी-तुरफरीत्यादि तेषां भाषा प्रकीर्तिता:!
[तीन वेदों की रचना पाखण्डियों धूर्तों और राक्षसों की त्रयी ने की है जर्फरी और तुरफरी जैसे शब्दों का प्रयोग कोई शिष्ट सभ्य और पढ़ा-लिखा नहीं कर सकता!]

यह इस महादेश का प्रथम नवजागरण था!

241

बसलातीनुहुम सल्लतीने अनहुँम
फ़रर असुल इज़ामा सारत इज़ामा!
[उन सुल्तानों की कहानी इस मिट्टी से पूछ जहाँ बड़े-बड़े मस्तक हड्डियों में बदल गए!]

इस विराट क़ब्रिस्तान को
हम हिन्दुस्तान कहते थे!

242

इस महादेश में 3 वेद थे 6 दर्शन थे 84 आसन थे 64 कलाएँ थीं और 96 पाखंड थे

चीनी यात्री फाह्यान ने अपने वृत्तान्त में दर्ज किया है कि जेतवन के आसपास कभी 98 बुद्ध-विहार थे जहाँ बुद्ध ने 96 पाखंडों के आचार्यों से शास्त्रार्थ किया था

फाह्यान ने आगे लिखा है :

मध्य देश में 96 पाखंडों का प्रचार है सब लोक और परलोक को मानते हैं सब धर्मानुष्ठान करते हैं उनके साधुसंघ हैं वे भिक्षा पर आश्रित हैं लेकिन भिक्षा-पात्र नहीं रखते

पाखंड शब्द का धार्मिक सम्प्रदाय के अर्थ में कौटिल्य के अर्थशास्त्र और अशोक के शिलालेखों में प्रयोग किया गया है

96 पाखंड कौन से हैं इसका स्पष्ट उल्लेख मुश्किल से मिलता है जैसे भक्ति-काल के कवि सुन्दरदास के एक प्रसिद्ध ग्रंथ सर्वांगयोग में इसका कुछ उल्लेख प्राप्त होता है जिसमें उन्होंने कई तरह के पाखंडों और पाखंडियों का ज़िक्र किया है :

इन बिन और उपाय है सो सब मिथ्या जान
छह दरसन अरु छयान्नवे पाखंड कहूँ बखान
केचित कर्म स्थापहिं जैना
केश लुचाइ करहिं अति फेना
केचित मुद्रा पहिरे कानन्
कापालिका भरष्ट मत जानन्
केचित नास्तिक वाद प्रचंडा
तेतो करहिं बहुत पाखंडा
केचित देवी शक्ति मनावे
जीव हनन करि ताहि चढ़ावे
केचित मलिन मंत्र आराधे

वसीकरन उच्चाटन साधे
केचित मुये मसान जगावें
थम्बन मोहन अधिक चलावें
केचित तर्कह शास्तर पाठी
कौशल विद्या पकरहिं काठी
केचित वाद विविध मत जाने
पढ़ि व्याकरण चातुरी ठाने
केचित कर धरि भिक्षा पावें
हाथ पोंछि जंगल को ध्यावें
केचित घर-घर मांगे टूका
बासी कूसी रूखा-सूखा
केचित धोवन धावन पीवे
रहें मलीन कहो क्यों जीवे
केचित अभख भखत न संकाहीं
मदिरा मांस मान्त पुनि खाही
केचित बपुरे दूधाहारी
खांड खोपरा दाख छुहारी
केचित कर्कट बिनहिं पन्था
निर्गुण रूप देखावहिं कंथा
केचित मृगछाला बाघम्भर
करते फिरहिं बहुत आडम्बर
केचित धूम पान करि भूले
औंधे होइ वृच्छ सों झूले
यह महादेश
पाखंडियों और पाखंडों की जन्मभूमि थी!

243

जब लखनऊ में सब कुछ रंगीन था और सारे नागरिक रंगीले थे उस वक़्त लखनऊ में सआदत यार का बेटा अनवरी रंगीन तख़ल्लुस से शाइरी करता था जिसने दिलपज़ीर उन्वान से एक मसनवी लिखी थी जिसमें एक बुजुर्ग-आशिक़ और एक तवायफ़ नूरन की बातचीत को औरतों की बोली में बाँधा गया था जिसे बाद में रेखते की तर्ज़ पर रेख़्ती कहा गया
चली वाँ से दामन उठाती हुई
कड़े से कड़े को बजाती हुई
कैसे-कैसे रंगीन शाइर
इस महादेश से गुज़र गए थे!

244

जैसे आज का कोलकाता मोहन बागान और ईस्ट बंगाल में विभाजित है ऐसे ही उस वक़्त का लखनऊ अनीसियों और दबीरियों के गिरोह में बंटा हुआ था अनीस और दबीर दोनों मर्सियों के उस्ताद थे समकालीन थे और प्रतिद्वन्दी थे जिन्होंने मर्सिया की कला को ऊंचाइयों तक पहुँचा दिया न केवल मर्सियागोई बल्कि मर्सियाख्वानी को भी एक कला का रूप दे दिया
अब्दुल हलीम शरर के अनुसार जहाँ मीर अनीस में सादगी बेतकल्लुफ़ी और भाषा की अद्‌भुत रवानी थी वहीं दबीर के यहाँ भाषा की गरिमा अद्‌भुत कल्पना और पांडित्य था यह आश्चर्य की बात नहीं कि आज भी उर्दू-साहित्य में अनीस और दबीर की ज़बान प्रामाणिक समझी जाती है

जब कारवान-ए-शहर मदीना लुटा हुआ
पहुँचा क़रीब शाम के कैदी बना हुआ
नेज़े पे सर हुसैन का आगे धरा हुआ
और पीछे-पीछे बीसियों का सर खुला हुआ

मर्सिया के अपने प्रतिद्वंद्वी अनीस की जब मृत्यु हुई तब दबीर ने लिखा :

तूर-ए-सिना बे कलीमुल्ला-ओ-मिम्बर बेअनीस!
[मूसा के बिना सिनाई परबत और अनीस के बिना प्रार्थना का मंच सूना हो गया!]

245

बाबा फ़रीद ने युवा शेख़ निज़ामुद्दीन से कहा :
लोहे की तरह हृदय में भी ज़ंग लगता है
इसे मृत्यु के स्मरण से मांजते रहना चाहिए
बाबा फ़रीद ने आगे कहा :
इस संसार में तू मुसाफ़िर की तरह रह और अपने आपको मृतकों में शुमार कर
अंत में बाबा फ़रीद ने कहा :
जा और हिन्दुस्तान पर राज कर
इस महादेश में कितने ही बादशाह मिट्टी में मिल गए लेकिन हज़रत निज़ामुद्दीन औलिया की बादशाहत आज तक क़ायम है!

246

दिल्ली का सुलतान ग़यासुद्दीन तुग़लक़ शेख़ निज़ामुद्दीन औलिया के प्रति द्वेष रखता था कुछ तो मुसाहिबों ने चुगली की थी और कुछ वह शेख़ की लोकप्रियता वैभव और प्रभाव से जलता था
ग़यासुद्दीन जब पूरब की एक मुहिम को निपटाकर दिल्ली की तरफ़ आ रहा था तो उसने औलिया को सन्देश भिजवाया कि उसके दिल्ली पहुँचने के पहले शेख़ दिल्ली छोड़कर कहीं चले जाएँ वरना....
जब निज़ामुद्दीन को ग़यासुद्दीन का यह सन्देश सुनाया गया तो औलिया ने यह लोकप्रसिद्ध वाक्य कहा :

हनोज़ दिल्ली दूर अस्त

सुलतान ग़यासुद्दीन के पुत्र जूना खाँ उर्फ़ मुहम्मद-बिन-तुग़लक़ ने दिल्ली से कुछ दूर अफ़ग़ानपुर में अपने पिता ग़यासुद्दीन के स्वागत के लिए एक काष्ठ-महल का निर्माण करवाया था
राग-रंग गाना-बजाना नृत्य-गान और खान-पान के बाद जब हाथियों का जुलूस गुज़रने लगा तो वह काष्ठ-महल भरभराकर टूट गया ध्वस्त हो गया और सुलतान ग़यासुद्दीन तुग़लक़ उसके मलबे में दबकर मर गया
तब से दुनिया के लिए दिल्ली दूर है
जो भी दिल्ली पहुँचना चाहता है
वह रास्ते में मारा जाता है!

247

मशहूर मीनाबाज़ार दरअस्ल औरतों का बाज़ार था

एक फ्रांसीसी यात्री बर्नियर (जिसने शाहजहाँ के काल में आठ वर्ष मुग़लों की नौकरी की) अपने सफ़रनामे में मीनाबाज़ार का वर्णन करते हुए लिखता है :

महलसरा में एक नक़ली बाज़ार लगा करता था जिसे मीनाबाज़ार कहा जाता था जहाँ सुंदर स्त्रियां अमीरों मनसबदारों के लिए ज़रदोज़ी के काम की चीज़ें ज़री की मंदीलें अमीरज़ादियों के लिए सफ़ेद बारीक कपड़े इत्यादि बिक्री के लिए रखतीं थीं बादशाह उसकी बेग़में और शहज़ादियाँ वहाँ माल ख़रीदने जाती थीं यदि किसी अमीर की बेटी रूपवती और नवयौवना होती तो उसकी माँ उसको मीनाबाज़ार में ले जाती ताकि बादशाह की नज़र उस पर पड़े

वहाँ बाज़ार का पूरा नाटक खेला जाता बादशाह एक-एक पैसे पर झगड़ता और कहता इससे सस्ती आगे मिलेगी हम इससे ज़्यादा एक कौड़ी भी न देंगे इस पर बेचने वाली कहती कि लगता है आपको सौदा नहीं लेना या आपके पास दाम नहीं है बेग़में अधिक झगड़ा करतीं गरमागरमी और भाव-ताव भी होता चीज़ों का मूल्य उसी समय चुका दिया जाता और अगर दुकानदारन पसन्द आ गई तो छुपाकर कुछ अशर्फियाँ भी दे दी जाती थीं यह मूल्य उस स्त्री या कन्या के लिए होता जो दुकान लगाकर बैठी है

शाहजहाँ बहुत विलासी था वह इन स्त्रियों को रात को रोक लेता था इन स्त्रियों को कंचनी कहा जाता था कंचनियाँ रूपवती सुंदर और नाच-गाने में निपुण होती थीं ये स्त्रियाँ बाज़ार में बैठती ज़रूर थीं पर बाज़ारू नहीं थीं पर क़सबियाँ तो होती ही थीं

मीनाबाज़ार भले ही एक नक़ली बाज़ार था लेकिन वहाँ स्त्रियों का असली सौदा हुआ करता था!

248

इस महादेश में कुछ किताबें राजसत्ता से पुरस्कृत होने के लिए और कुछ किताबें राजसत्ता को उखाड़ फेंकने के लिए लिखी जाती थीं
चाणक्य की एक किताब 'अर्थशास्त्र' ने निरंकुश नन्द-साम्राज्य का उच्छेद कर दिया और इस महादेश में महान मौर्य साम्राज्य की स्थापना की
अपने इस विश्वविख्यात ग्रंथ में चाणक्य ने अपने बारे में लिखते हुए कहा है कि इस अर्थशास्त्र की रचना उस व्यक्ति ने की है जिसने ज़ंग लगे हथियारों और केवल धार्मिक-कर्मकांड के काम आने के कारण धुंधले पड़े शस्त्र-शास्त्रों और निरंकुश नन्द वंश सम्राटों के बोझ के तले दबी धरती का एक झटके में उद्धार कर दिया

सर्वशास्त्रान्यनुक्रम्य प्रयोगमुपलभ्य च
कौटल्येन नरेन्द्राये शासनस्य विधि:कृत:!
[सभी शास्त्रों का अनुशीलन करके और सिद्धांतों को प्रयोगों की कसौटी पर कसकर कौटिल्य ने राजाओं के लिए यह शासन-विधान तैयार किया है!]

इस महादेश में अब किताबों के मेले लगते थे कोई नई किताब नहीं लिखी जाती थी!

249

जिसका कोई धर्म नहीं उसका सिख-धर्म है
आज दोपहर जब गुरुद्वारा बंगला साहिब से लंगर पा के अमृत छक के निकलता था कि एक सिख बच्चे ने 'सिक्ख रहत मर्यादा' नाम का एक किताबचा मुझे थमा दिया जिसमें यह लिखा था और यह भी लिखा था :
पंच पियारों चारों साहिबजादों चालीस मुक्तों हठियों जपियों तपियों जिन्होंने बाँट कर छका देग चलाई तेग वाही देखा अनदेखा किया उन प्यारों उन सचियारों की कमाई का ध्यान धरके खालसा जी बोलो वाहे गुरु
जिन सिंघों सिंघणियों ने धर्महित शीश दिए बन्दबन्द कटाए खोपरियाँ उतरवाईं चरखियों पर चढ़े आरों के साथ चिराये गए गुरुद्वारा के लिए क़ुर्बानियाँ दीं तिनकी कमाई का ध्यान धर के बोलो वाहे गुरु जी की फ़तेह
सिख-धर्म कवियों की बानियों से निकला अमृत था
इस महादेश का एक सुरभित-पुष्पित-उद्यान
जो मुग़ल काल की निर्मिति थी
और उसके बाद दुनिया में कोई धर्म नहीं बना
यह दुनिया का अंतिम धर्म था
सिख-धर्म इस दुनिया का नौवां आश्चर्य था!

250

आज मैं विलुप्त सरस्वती की जल-धारा में
एक प्राचीन और जर्जर नाव से सफ़र करता था जिसका काष्ठ चिकना और काला पड़ चुका था
एक हू का आलम था और मैं जैसे शताब्दियों से हिचकोले खाता हुआ आगे बढ़ रहा था कि अचानक काली-पीली आंधी आई और आसमान टिड्डियों से भर गया
और मेरी नाव बालू-रेत में धँस गई
मैं जागता था या सोया हुआ
अब तो इतना भी मुझको ध्यान नहीं!

251

हिन्दू एक दार्शनिक जाति थी
यहाँ कवि लेखक चित्रकार प्रोफ़ेसर वैज्ञानिक अफ़सर क्लर्क पत्रकार सम्पादक राजनेता अभिनेता चिकित्सक मज़दूर किसान व्यापारी मल्लाह मछुवारे ड्राइवर कंडक्टर खलासी इत्यादि सब दार्शनिक थे और आश्चर्य की बात यह कि दार्शनिक भी यहाँ दार्शनिक थे
यही नहीं इस महादेश में चोर लुटेरे मवाली हलकट जेबकतरे भिखारी और पागल भी दार्शनिक थे
यहाँ तक कि हिन्दू-हत्यारे भी दार्शनिक होते थे और जब वे हत्या नहीं कर रहे होते थे तब वे दर्शन की गुत्थियां सुलझाकर अपना समय व्यतीत करते थे!

252

बुद्ध टहल रहे थे
अम्बष्ठ जाकर बैठ गया और प्रश्न पूछने लगा और जब बुद्ध अपने आसन पर बैठ गए तो अम्बष्ठ खड़ा होकर टहलने लगा और प्रश्न पूछने लगा
अम्बष्ठ को उसके गुरु पौष्करसाति ने श्रमण गौतम की परीक्षा करने भेजा था और अभिमान से चूर था
उसकी यह अभद्रता देखकर बुद्ध ने कहा—अम्बष्ठ, क्या तुम किसी ब्राह्मण आचार्य से भी इसी तरह चलते हुए खड़े होकर बैठकर संलाप करते हो जैसे मेरे साथ कर रहे हो
—नहीं गौतम, चलते ब्राह्मण के साथ चलते हुए खड़े ब्राह्मण के साथ खड़े होकर और बैठे ब्राह्मण के साथ बैठकर बात की जाती है लेकिन हे गौतम, किसी शूद्र के साथ इसी तरह बात की जाती है जैसे मैं तुम्हारे साथ कर रहा हूँ तुम शाक्य हो और शाक्य जाति शूद्र है और बकवादी है
—शाक्यों ने तेरा क्या बिगाड़ा है शांतचित्त बुद्ध ने अम्बष्ठ से पूछा
—हे गौतम, एक बार मैं कपिलवस्तु गया और शाक्यों के संस्थागार पहुँचा तो वहां बहुत सारे शाक्यकुमार ऊँचे-ऊँचे आसनों पर बैठकर एक-दूसरे पर अंगुली गड़ाते हँसी-ठट्‌ठा कर रहे थे और मुझ ब्राह्मण को किसी ने भी आसन नहीं दिया
अम्बष्ठ की यह बात सुनकर भिक्षुगण उसे दासीपुत्र कहने लगे तो गौतम ने उनको रोककर कहा—अम्बष्ठ, गौरैया भी अपने घोंसले पर स्वच्छन्द आलाप करती है और कपिलवस्तु तो शाक्यों का अपना घर है इस मामूली बात पर तुम्हें अमर्ष नहीं करना चाहिए
अम्बष्ठ निरुत्तर हो गया उसका सारा अभिमान धुल गया और ब्राह्मण पुत्र अम्बष्ठ अपने गुरु पौष्करसाति के साथ बुद्धम् शरणम् गच्छामि हो गया!

253

एक लुटेरा जी-भर कर लूटता है
लेकिन जब कोई दूसरा लुटेरा आता है
लूटने वाला लूट लिया जाता है
सुत्तपिटक के संयुत्तनिकाय में यह कथा आती है कि जब अजातशत्रु काशी-
नरेश प्रसेनजित् से युद्ध में पराजित होकर क़ैद कर लिया गया तो प्रसेनजित्
ने अजातशत्रु के सारे हस्तिसमूह सारे अश्वसमूह सारे रथकाय और सारे
पदादिक समूह लेकर अपने भानजे अजातशत्रु को जीवित छोड़ दिया
भिक्षुओं ने जब यह बात बुद्ध को बताई तो तथागत ने यह कहा
लूटने वाला अंततः ख़ुद लुट जाता है!

254

एक जीवित नृत्यांगना
एक मृत नृत्यांगना के सामने नृत्य करती थी
इस महादेश में मृत्यु
पाँवों में घुँघरू बाँध कर आती थी
और नाचती-गाती इकतारा बजाती हुई लौट जाती थी!

255

मनुष्यता के इतिहास की प्रथम स्त्री-आवाज़ें 'थेरीगाथा' में संकलित की गई थीं जो सुत्तपिटक के खुद्दकनिकाय का एक ग्रंथ है जिसमें बुद्ध के संघ में शामिल होने वाली स्त्रियों की मार्मिक गाथाएँ हैं उनके अंतस्तल की विकल पुकारें हैं

विमला नाम की एक गणिका कहती है कि वर्ण रूप सौभाग्य और यश से मैं मतवाली थी यौवन से गर्वीली अन्य स्त्रियों को मैं अपने पाँव की जूती समझती थी और मूर्खों को रिझाने वाली इस विचित्र काया का श्रृंगार करके मैं वेश्याद्वार पर इस तरह खड़ी होती थी जैसे बहेलिया पक्षियों को जाल में फाँसने के लिए खड़ा होता है अब मेरे सारे बन्धन कट गए अब मैं निर्वाण प्राप्त होकर वृक्ष के नीचे बैठी अवितर्क समाधि पाने वाली हूँ एक दूसरी थेरी पूर्णिका शीतकाल में नदी में स्नान करने की इच्छा रखने वाले एक ब्राह्मण से कहती है कि मैं तो कहारिन थी ठण्ड में पानी में उतरना मेरा पेशा था और मैं अपने स्वामियों से डरती थी लेकिन तुम किसके डर से कांपते हुए इस भीषण जाड़े में पानी में उतरते हो तुमको किस अज्ञानी ने कहा है कि नदी-स्नान से पाप धुलते हैं अगर ये नदी तुम्हारे पाप को धोएगी तो तेरे पुण्य भी बहा ले जाएगी मुझे डर है कि तू मर न जाए इससे तो अच्छा यह है कि जिस पाप के डर से तू ठंडे-पानी में उतरता है उसे मत कर

और अपने ज़माने की मशहूर नगरवधू आम्रपाली अथवा अम्बपाली ने अपनी वृद्धावस्था में लिखा कि जब मैं जवान थी तो मेरे केश काले भँवरों की तरह लहरदार और गुंजायमान थे जो अब सन की तरह छितरा गए हैं सुगन्धित द्रव्य और पुष्पराशि से वासित मेरे केश अब खरगोश के बालों की तरह दुर्गन्धित हैं और जैसे किसी चित्रकार की कूची से निर्मित मेरी सुगठिग भौंहें शोभती थीं वे अब झुर्रियाँ मात्र हैं

स्त्रियों के आगमन से भले ही बौद्ध-धर्म की आयु आधी रह गई हो लेकिन उसकी करुणा सौ गुना विस्तृत हो गई थी!

256

जो भी हिन्दुस्तान को खोजने निकला
वह कोलम्बस की तरह अमरीका पहुँच गया
डगमगाता हुआ
समुद्र में हिचकोले खाता हुआ
सिर्फ़ वास्को डि गामा सही जगह पहुँचा
यह महादेश
पृथ्वी की सर्वाधिक सही जगह थी!

257

गोत्र-गोखरू जैन-मत ओस-बंस-अवतंस

इसी ओसवाल वंश के फतेहचंद को मुहम्मद शाह ने जगत् सेठ की पदवी दी थी जिसके बारे में ग़ुलाम हुसैन ने अपनी किताब 'मुताखरीन' में लिखा है : जिसका घर मीर हबीब द्वारा लूटा गया उसका नाम जगत् सेठ फतेहचंद था यह व्यक्ति संसार का सबसे धनी व्यक्ति था आज 1786 में भी उस घराने में कम से कम दो हज़ार लोग गुज़र-बसर करते हैं लुटेरे आरकाट के ढले हुए पूरे दो करोड़ ले गए कोई बादशाह भी यह सुनकर बेहोश हो सकता था लेकिन जगत् सेठ पर इसका कोई असर नहीं पड़ा और यह परिवार पहले की तरह दर्शनी हुंडी के ज़रिये एक-एक करोड़ का भुगतान करता-कराता रहा

इसी जगत् सेठ फतेहचंद के पुत्र जगत् सेठ महताब राय और उसके भाई को मीर क़ासिम ने कई दिनों तक मुंगेर के किले में क़ैद रखा था और एक दिन किले की बुर्ज से गले में बालू का घड़ा बाँधकर दक्षिणवाहिनी गंगा में बहा दिया था

उस बुर्ज के नीचे से आज भी हज़ारों नावें गुज़रती हैं तो सवारियों की नज़रें उस बुर्ज पर टिक जाती हैं जब कोई बताता है कि इसी बुर्ज से जगत् सेठ-बन्धु गंगा में डाले गए थे!

258

जब तक जगत् सेठ महताब राय को मुंगेर किले के बुर्ज से गंगा में फेंका जाता उसका स्वामी-भक्त नौकर चुन्नी पहले नदी में कूद गया
चुन्नी बहुत गिड़गिड़ाया अर्ज़-मिन्नत की कहा मुझे मेरे मालिक से पहले नदी में डाला जाए लेकिन किसी ने नहीं सुनी महताब राय ने भी समझाया तब भी नहीं माना नदी में कूद गया और मर गया मुताख़रीन का लेखक लिखता है कि मुंगेर की एक भी ऐसी बूढ़ी औरत न होगी जो चुन्नी के त्याग और स्वामी-भक्ति की कथा न जानती हो और उन वेदनामय वाक्यों को न दुहरा सकती हो जो चुन्नी ने मरने से पहले मीर क़ासिम से कहे थे 1887 में मुंशी नवलकिशोर प्रेस से इसी जगत् सेठ के वंशज राजा शिवप्रसाद सितारे हिन्द की भूमिका के साथ प्रकाशित भाषाकल्पसूत्र में यह कथा इस तरह कही गई है :
दो जगत् सेठ भाई मुंगेर में क़ैद थे मीर क़ासिम जब भागा दोनों को साथ ले लिया मुंगेर पहुँचकर दोनों भाइयों को नवाब ने तीरों से मार डाला एक चुन्नी नाम का खितमतगार जगत् सेठ के साथ था जब नवाब तीर मारता सामने आ जाता ढाल बन जाता अंत में जब चुन्नी मर के गिर लिया तब दोनों भाइयों को तीर लगा कैसे-कैसे खिदमतगार थे
मुझे जाने क्यों शरतचन्द्र के अमर उपन्यास देवदास का चुनीलाल नाम का पात्र जगत् सेठ के स्वामी-भक्त चुन्नी से प्रेरित लगता है!

259

रहिगो मन को मन ही मनसूबा

आज बेनी कवि की यह भूली हुई कविता याद आई जो पंडितराज जगन्नाथ के एक श्लोक पर आधारित है इस मनोहारी कविता में क्रूर-काल की अवधारणा का जैसा अचूक वर्णन है वह दुर्लभ है और यह कविता खो जाए विस्मृत हो जाए उससे पहले मैं इसे हिन्दनामा में मय अनुवाद के संकलित-सुरक्षित करता हूँ

कंज के कोस में भौंर बंध्यो
अफ़सोस कियो मन में अति ऊबा
ह्वै है प्रभात उदै है दिवाकर
छूटिहौं में अलि जाल में डूबा
बेनी न सोचेउ मूढ़ अजौं
अरु काल को ख्याल न जान्यो अजूबा
तोरि लई नलिनी गज त्यों
रहिगो मन को मन ही मनसूबा!

[भँवरे को अत्यंत अफ़सोस हुआ कि वह कमल-कोश में बंध गया क़ैद हो गया है लेकिन उसके मन में यह आशा भी थी कि रात ढलेगी और प्रभात होने पर कमल की पंखुड़ियाँ खुलेंगी और वह इस क़ैद से आज़ाद हो जाएगा लेकिन बेनी कवि कहता है कि इस मूर्ख भँवरे को काल की गति का कोई ख़याल नहीं कि अचानक एक झपट्टे में एक हाथी उस कमलिनी-नलिनी-कोश को उखाड़कर ले गया और उस भँवरे का मंसूबा दिल में ही रह गया!]

इत्थं विचिन्तयति कोषगते द्विरेफे
हा हन्त हन्त नलिनी गज उज्जहार!

260

चरम वस्तु त्रिपुर सुंदरी थी
शंकराचार्य ने सौन्दर्यलहरी के 12वें श्लोक में लिखा है कि पूर्ण सौंदर्य अनन्त है यह अतुलनीय है इसका वर्णन कवियों के बस की बात नहीं अप्सराओं का सौंदर्य इस के सामने कुछ नहीं सारा संसार इस के लिए व्याकुल है
इस सुंदरी की उपासना चन्द्रमा के रूप में की जाती थी चन्द्र की सोलह कलाएँ थीं जो सभी नित्य थीं पन्द्रह कलाओं का उदय-अस्त होता था घट-बढ़ होती थी लेकिन सोलहवीं कला स्थिर थी जिसे अमृता या चन्द्रकला कहा जाता था और यह सोलहवीं कला नित्य ज्योत्सनामय सहस्रदलकमलस्थ नित्यकलायुक्त और चक्रात्मक थी इसीलिए सुभगोदय में कहा गया :

षोडशी तु कला ज्ञेया सच्चिदानन्दरूपिणी!

और यह भी कहा गया कि उपासक के निकट सुंदरी नित्य षोडश वर्षीया रहती थी
ऐसा प्रतीत होता था जैसे इस महादेश में अब सच्चे उपासक नहीं रहे थे इसीलिए इस देश की सुंदरियाँ पहले अधेड़ होकर वृद्ध होती जाती थीं और एक दिन अपने उपासक को रोता-बिलखता छोड़ कर मृत्यु का आलिंगन कर लेती थीं!

261

नूरबाई नाम की एक मशहूर तवायफ़ थी
अपने सौंदर्य गायन वाक्चातुर्य और अदाओं से उसने मुहम्मदशाह की निकटता हासिल की थी एक दिन वह नवाब रौशनुद्दौला के यहाँ बैठी चुहल करती थी कि शेख़ मीरान सैयद आ पहुँचे कुछ देर की ख़ामोशी के बाद नूरबाई ने शेख़ साहेब से अर्ज़ किया—लौंडी को हुक़्म हो तो कुछ सुनाए और शेख़ की चुप्पी को सहमति जान बहुत ही आर्द्र और करुण स्वर में उमर ख़य्याम की यह रुबाई गाने लगी

शेखे बजने फ़ाहिशा गुफ़्ता-मस्ती
कज़ ख़ैर गुसस्ती व बशर पैवस्ती
ज़न गुफ़्त चुनांकि मी नुमायमहस्तम
तू नीज़ चुनांकि मीनुमाईहस्ती!
[एक शेख़ ने एक वेश्या से कहा तू इसलिए मस्ती में है क्योंकि तूने नेकी छोड़ दी और बदी अपना ली है इस पर वेश्या शेख़ से कहती है कि मैं जैसी दिखाई देती हूँ क्या वैसी ही हूँ और क्या तुम भी वैसे ही हो जैसे दिखाई देते हो!]

कहते हैं कि नूरबाई की मार्मिक आवाज़ में उमर ख़य्याम की यह हृदयविदारक कविता सुनकर शेख़ मीरान सैयद रोने लगा धरती पर घायल पक्षी की तरह लोटने लगा दीवारों पर देर तक अपना सर मारता रहा और बहुत देर बाद मुश्किल से आपे में आया
नूरबाई सच्ची तवायफ़ थी
शेख़ मीरान सैयद सच्चा शेख़ था
और उमर ख़य्याम की कविता सच्ची कविता थी!

262

गर्मी सही कलाम में लेकिन न इस क़दर
की जिससे बात उसने शिकायत ज़रूर की

जो क़ैफ़ियत मिर्ज़ा ग़ालिब की थी वही हिन्दनामकार की भी थी हिन्दनामाकार ने अपनी लेखनी से इतने लोगों को नाराज़ कर दिया था कि उनकी गिनती सम्भव नहीं थी हालांकि उसके कलाम से प्यार करने वालों की संख्या भी कोई कम नहीं थी
इस विकट परिस्थिति में हिन्दनामाकार को सौदा के अलावा किसका शे'र याद आता

क़ैफ़ीयते-चश्म उसकी मुझे याद है सौदा
साग़र को मिरे हाथ से लेना कि चला मैं!

263

हिन्दनामा बीजों की गठरी है
इस महादेश की मिट्टी में जब तक उर्वरता शेष रहेगी
ये बीज व्यर्थ नहीं जाएँगे
नहीं है नाउम्मीद इक़बाल अपनी किश्ते-वीरां से
ज़रा नम हो तो ये मिट्टी बहुत ज़रखेज़ है साक़ी!

264

फूल की पत्ती से कट सकता है हीरे का जिगर
मर्दे-नादाँ पर कलामे-नर्मो-नाज़ुक बेअसर
यह भर्तृहरि के श्लोक का इक़बाल-कृत अनुवाद है
उठाए कुछ वरक़ लाला ने कुछ नर्गिस ने कुछ गुल ने
चमन में हर तरफ़ बिखरी हुई है दास्तां मेरी
उड़ा ली क़ुमरियों ने तूतियों ने अंदलीबों ने
चमन वालों ने मिलकर लूट ली तर्ज़े-फ़ुग़ाँ मेरी
यह अस्ल इक़बाल थे
वतन की फ़िक्र कर नादां मुसीबत आने वाली है
तेरी बरबादियों के मशवरे हैं आसमानों में
न समझोगे तो मिट जाओगे ऐ हिन्दोस्तां वालो
तुम्हारी दास्तां तक भी न होगी दास्तानों में
यह इक़बाल हिन्दुस्तान का गायक था
रहमतें हैं तेरी अगियार के काशानों पर
बर्क़ गिरती है तो बेचारे मुसलमानों पर
यह इक़बाल की इक़बालियत थी
ख़ुदा-ए-सुख़न से लेकर बन्दा-ए-सुख़न तक एक से एक शाइर इस दुनिया से गुज़रे लेकिन मोहम्मद इक़बाल दुनिया का प्रथम कवि था जिसे विद्वान की उपाधि से विभूषित किया गया
अल्लामा इक़बाल!

265

इदं शास्त्रमिदं शस्त्रं शापदपि शरादपि!
[मेरे पास शास्त्र भी है और शस्त्र भी, तुझे शाप देकर मारूँ या बाण से!]

किसी भी महादेश को अपने शस्त्र मांजते
और अपने शास्त्रों का अवगाहन करते रहना चाहिए
अन्यथा महादेश बिखर जाते हैं!

266

यमेल और यमेलतेकेतु नाम के दो ब्राह्मण भाई थे जो सुंदर छन्द बनाते थे
दोनों भाई बुद्ध के पास गए और बोले :
भंते, आपके संघ में सभी जातियों के पुरुष प्रव्रजित होते हैं उनमें निम्न
जाति के लोग भी होते हैं जो आपके वचनों का अशुद्ध उच्चारण करके
उनको दूषित करते हैं हे भंते, यदि आप आज्ञा दें तो हम बुद्धवचन को
छन्दों (वैदिक भाषा) में बाँध दें
बुद्ध ने उन दोनों भाइयों को फटकार कर भगा दिया और भिक्षुओं से बोले :
भिक्षुओ, बुद्धवचन को छन्द में बाँधने से दुक्कट दोष लगता है आप अपनी-
अपनी भाषा में इन वचनों को बाँचो और अपनी भाषा में इनका प्रचार करो
यह इस महादेश में
ज्ञान का प्रथम गणतन्त्र था!

267

एक विशाल बरगद था
जिसकी छत्रछाया में एक बन्दर एक हाथी और एक तीतर आश्रय पाते थे तीनों मित्रता-भाव से रहते थे एक दिन तीनों में जिज्ञासा हुई कि तीनों मित्रों में ज्येष्ठ कौन बड़ा कौन जिससे हम वरिष्ठ का सम्मान कर सकें
बन्दर और हाथी तो बरगद के बाद पैदा हुए थे इसलिए कनिष्ठ हुए वरिष्ठ तीतर था जिसके बाद बरगद पैदा हुआ था तीतर ने रहस्योद्घाटन किया कि एक बार कोई फल खाकर उसने विष्ठा की थी जिसके बीज से यह बरगद पैदा हुआ था
कैसा भी वटवृक्ष हो कैसा भी बोधिवृक्ष
वह किसी तितिर की विष्ठा के बीज से ही पैदा होता है!

268

बुद्ध ने ब्राह्मणों को बेरोज़गार कर दिया तो ब्राह्मण बुद्ध के विरुद्ध हो गए
बुद्ध ने कहा कि जन्म से कोई ब्राह्मण नहीं होता वरन् जो अपरिग्रही है
वही ब्राह्मण है
कमल के पत्ते पर ओस की तरह
और आरे की नोक पर सरसों की बूँद की तरह
जो अलिप्त है वह ब्राह्मण है
कभी नद्दी कभी आकाश कभी बन होना
कितना मुश्किल था मिरी जान बिरहमन होना!

269

—हे पूर्ण, तू उपदिष्ट होकर सूनापरान्त जनपद में रहना चाहता है पर यदि सूनापरान्त के लोग तुझे गालियाँ देकर उत्तेजित-अपमानित करेंगे तो तुझे कैसा लगेगा
—मैं समझूँगा कि सूनापरान्त के लोग भद्र हैं जो मुझ पर अपने हाथों से प्रहार नहीं कर रहे हैं
—यदि पूर्ण, वे तुझ पर यदि हाथ से प्रहार करेंगे तो तुझे कैसा लगेगा
—भंते, मुझे लगेगा कि वे कितने अच्छे हैं जो मुझ पर डंडे नहीं बरसा रहे
—और अगर सूनापरान्त के लोग तुझे शस्त्र से मार डालें तो तुझे कैसा लगेगा
—मुझे लगेगा कि कोई-कोई मनुष्य मुक्ति के लिए आत्महत्यार्थ शस्त्र खोजता है वह शस्त्र मुझे बिना खोजे मुफ़्त में ही मिल गया
—बस-बस हे पूर्ण, तू तो पूर्ण बुद्ध बन गया
जा सूनापरान्त जनपद में विचर और आनन्द कर!

270

विशाखदत्त-कृत 'मुद्राराक्षस' संस्कृत का एक अमर नाटक है जिसमें नन्द और मौर्य साम्राज्य के बीच चल रहे कूटनीतिक युद्ध का वर्णन है 1400 वर्ष पूर्व लिखे गए इस नाटक के एक दृश्य में सम्राट चन्द्रगुप्त मौर्य अपने प्रधानमंत्री चाणक्य से मिलने की इच्छा व्यक्त करते हुए अपने एक दूत कंचुकी के माध्यम से चाणक्य को सन्देश भेजते हैं कंचुकी जब मौर्य-साम्राज्य के संस्थापक चाणक्य के घर पहुँचता है तो उनका घर और आर्थिक स्थिति देखकर हैरान हो जाता है और मन ही मन सोचता है यह सम्राट चन्द्रगुप्त मौर्य के प्रधानमंत्री का घर है जहाँ गोबर के उपले तोड़ने के लिए एक ओर पत्थर के टुकड़े रखे हैं और एक ओर विद्यार्थियों द्वारा जंगल से बीनकर लाई गई लकड़ियाँ रखी हैं गीली लकड़ियाँ सुखाने के लिए झोंपड़ी पर डाल दी गई हैं जिससे झोंपड़ी का अगला हिस्सा झुक गया है और झोंपड़ी भी पुरानी और जर्जर है

उपलक्षकलमेतद भेदकम् गौमयानां वटुभिरुपहतानां वरहिषान् स्तोम एष: भरण मपि समिद्भ: पुष्यमाणाभिराभि: विनमित पटलांतन् दृश्यते जीर्ण कुडयम!

271

अरुणद यवन: साकेतम्!

दिमित्री और उसका सेनापति और दामाद मिनान्दर संडासी-चाल से इस देश को लूटते-कुचलते पाटलिपुत्र पहुँचे थे दिमित्री तो लूटपाट कर वापस लौट गया लेकिन पंजाब का राज मिनान्दर को सौंप गया जिसने अपनी राजधानी साकल-स्यालकोट बनाई और जो राजा मिलिन्द के नाम से प्रसिद्ध हुआ मिनान्दर ख़ुद विद्या-व्यसनी था दर्शनशास्त्री था उसने जब एक बुद्ध भिक्षु नागसेन की विद्वता की ख्याति सुनी तो वह नागसेन से मिलने शास्त्रार्थ करने जाता है जिसका काव्यात्मक और सरस वर्णन एक पिटक 'मिलिंदपञ्ज' में इस तरह किया गया है :

तब राजा मिलिन्द पाँच सौ यवनों के साथ और भारी सेना के साथ रथ पर सवार होकर उस परिवेण की तरफ़ रवाना हुआ विहार में नागसेन अस्सी हज़ार भिक्षुओं की परिषद को सम्बोधित करता था मिलिन्द ने दूर से इस परिषद को देखा तो दंग रह गया अस्सी हज़ार संयत और अनुशासित भिक्षुओं को देखकर राजा मिलिन्द डर गया रोमांच से भर गया उसके गात्र स्तम्भित हो गए

गैंडों से घिरे हाथी की तरह
गरुड़ों से घिरे सांप की तरह
अजगर से घिरे सियार की तरह
पीछा करते सिंह से हिरण की तरह
ओझा से बाँधे गए भूत की तरह
राहु से ग्रसित चन्द्रमा की तरह
पिंजड़े में बन्द पक्षी की तरह
जाल में पड़ी मछली की तरह
आयु समाप्त हुए देवता की तरह

राजा मिलिन्द डर गया चिंतित उदास और खिन्न हो गया मिलिन्द अस्सी

हज़ार भिक्षुओं की आभा से डर गया था जो वातावरण को दोपहर के सूरज के साथ मिलकर उजागर कर रहे थे
उसके चित्त में यह शंका जल रही थी
कि नागसेन मुझे हरा देगा
मैं नागसेन को बिना बताए ही पहचान लूँगा
यह सोचकर मिलिन्द ने विहार में प्रवेश किया और इसके बाद मिलिन्द और नागदेव में जो यादगार संवाद हुआ वह कभी आगे कहा जाएगा!

272

तब मिनान्दर उर्फ़ राजा मिलिन्द ने नागसेन से पूछा :
आप कहते हैं कि आत्मा-पुरुष नहीं है तो फिर आप कौन हैं और आपको जो चीवर भिक्षा शयनासन मिलता है उसका उपभोग कौन करता है कौन ध्यान करता है फिर तो न पाप है न पुण्य न कर्ता है न कर्म न फल फिर तो अगर कोई आपको मार डाले तो फिर वह मारना नहीं हुआ
फिर नागसेन कौन है क्या ये केश नागसेन हैं क्या रोएँ नागसेन हैं या ये नख दन्त चमड़ा हड्डी स्नायु हृदय पेट मज्जा नागसेन है या आपका रूप वेदना संस्कार नागसेन है मैं पूछते-पूछते हार गया और आप हर सवाल में मुंडी हिला कर इनकार कर रहे हैं आप झूठ बोलते हैं कि आप नागसेन नहीं हैं
तब उत्तर में नागसेन ने मिलिन्द से पूछा तुम जिस रथ पर बैठकर आए हो वह रथ क्या है क्या दण्ड रथ है या अक्ष चक्के रथपञ्जर रस्सियाँ चाबुक लगाम रथ है क्या ये सब मिलकर रथ है या रथ इनसे परे है
मैं पूछ-पूछ कर हार गया लेकिन रथ का पता नहीं चला आप जम्बूद्वीप के सबसे बड़े राजा हैं किस के डर से आप झूठ बोलते हैं कि यह रथ नहीं है तो रथ क्या है
तब मिलिन्द ने कहा कि हे भंते, मैं झूठ नहीं बोलता इन सभी अवयवों के आधार पर इसे रथ कहा जाता है
आपने ठीक जाना रथ एक संज्ञा है उसी तरह मुझे भी केश नख हड्डी मज्जा के आधार पर नागसेन कहा जाता है जबकि न रथ है न नागसेन जैसे अवयवों के आधार पर रथ होता है उसी तरह स्कंधों के आधार पर सत्व-जीव होता है
अनात्मवाद की यह बेजोड़ व्याख्या सुनकर मिलिन्द निरुत्तर होकर नागसेन के समक्ष नतमस्तक हो गया

उसने मन में सोचा कि आत्मा इसीलिए मरती या मरता नहीं कि उसका अस्तित्व ही नहीं है रथ की तरह मनुष्य भी जीर्ण होकर बिखर जाता है टूट जाता है अनुपयोगी हो जाता है जिसे हम मृत्यु कहते हैं!

273

आलअ तरु उमलइ, हिण्डइ जग च्छाच्छन्द!
[आलय एक स्वच्छन्द हिलते-डुलते तरुवर का नाम है जिस पर यह जग झूल रहा है! (सरहपाद)]

किसी के चलाए नहीं चल रही यह दुनिया
यह संसार
अपने ही हिचकोलों से अपने-आप चलायमान है
यह पृथ्वी
अपने आलय पर झूल-झूम रही है!

274

हिन्दी भाषा संस्कृत की नहीं अपभ्रंश की बेटी थी जिसका आदिकवि सरहपाद था
चौरासी सिद्धों में प्रथम सिद्ध सरहपाद संस्कृत का प्रकाण्ड विद्वान था नालन्दा विश्वविद्यालय का प्रसिद्ध आचार्य जो नालन्दा-महाविहार की अंदरूनी राजनीति ढोंग और पाखण्ड से विरत होकर बाहर निकल आया था और जिसे भिक्षुओं का स्त्री-विरत रहना और मद्यपान न करना अप्राकृतिक लगता था
सरहपाद बग़ावत करके न केवल नालन्दा से बाहर आ गया बल्कि बौद्धों को चिढ़ाने के लिए महामुद्रा नाम की एक शर-कार (बाण बनाने वाले) की पुत्री के साथ रहने लगा और ख़ुद भी सरकंडों से शर बनाने लगा इसी के बाद लोगों ने राहुलभद्र को सरहा कहना शुरू कर दिया जिसमें पाद उनके शिष्यों ने जोड़ दिया
तुलसीदास की तरह संस्कृत का उद्‌भट विद्वान होने के बाद भी उन्होंने कविता अपभ्रंश में रची उनका दोहाकोश हिन्दी भाषा की प्राचीनतम कृति जानी जाती है जिसमें दोहा-चौपाई छन्द का प्रथम बार प्रयोग किया गया है जिससे यह सिद्ध होता है कि दोहा-चौपाई अपभ्रंश और हिन्दी का जातीय छन्द है
दोहा छन्द और बाण का यह दिलचस्प संयोग है सरहपाद सरकंडों से बाण बनाते थे और दोहा लिखते थे और महामुद्रा के साथ नालन्दा से श्रीपर्वत तक अकेले विचरण करते थे
दोहा नामक छन्द नामक इस तीर-कमान का नाप 13:11 होता है और यह छन्द ऊँट की तरह चार बार उठता चार बार बैठता है सरहप्पा से चन्द बरदाई से गोरख से कबीर से ख़ुसरो से तुलसी से रहीम से रैदास से भारतेंदु से नागार्जुन तक दोहा लिखने वालों की एक कतारबद्धता चली आती है और इसी दोहा-छन्द के बारे में बिहारी ने

लिखा था :

सतसैया के दोहरे, ज्यों नावक के तीर
देखन में छोटे लगें, घाव करे गम्भीर!

275

सरहपाद अपभ्रंश के आदि-प्रथम कवि नहीं थे
राहुल सांकृत्यायन ने दोहाकोश की भूमिका में लिखा है कि सरहपाद से सौ बरस पूर्व हुए संस्कृत के यायावर-कवि-गद्यकार बाण की अमर कृति 'हर्षचरित' में अपभ्रंश के ईशान नाम के एक कवि का पता चलता है जिसके बारे में बाण ने लिखा है—भाषाकवि: ईशान: परं मित्रं!
बाणभट्ट की घुमक्कड़ी एक यायावर-राजा की यायावरी थी और इस यात्रा में बाण के साथ कवि पंडित कलाकार नृत्यकार संगीतकार भिक्षु साधु वैद्य तांत्रिक धूर्त सेवक इत्यादि कोई 44 आदमियों की फ़ौज साथ चलती थी जैसे शंकर जी के साथ उनकी पूरी बारात
भाषाकवि ईशान भी बाण की इसी बारात का हिस्सा था लेकिन उसे बाण ने अपना परम् मित्र कहा है
और ईशान भी प्रथम भाषाकवि नहीं होगा उससे पहले भी कोई ज़रूर होगा
सरहपाद उसी परमपद की तरफ़ इशारा करते हुए कहते हैं :

जासु ण आदि ण अंत, ना जानिय मध्य!
[जिसका न आदि न अंत न मध्य!]

276

हिन्दनामा हिन्दनामा हिन्दनामा
दिल्ली की बाराखंबा रोड पर एक युवक चौराहे से गुज़रती हुई कारों के बीच किताब बेचता था कि आज अचानक
लाल बत्ती हरी हो गई
और बीएमडबलू नामक कार में बैठा एक धनपशु उसको कुचलते हुए गुज़र गया
किताबें सड़क पर बिखरी हुई थीं
पुस्तक विक्रेता युवक की मृत देह ने ट्रैफ़िक रोक दिया था और कोलतार की काली-सड़क पर ताज़ा लाल ख़ून इस तरह बिखरा हुआ था कि पढ़ने में आ रहा था
हि न्द ना मा!

277

इस महादेश में सभी महान थे
कुछ आधे महान थे कुछ पूरे महान कुछ असली महान थे कुछ नक़ली महान कुछ घटिया महान थे कुछ उत्कृष्ट महान कुछ दो कौड़ी के महान थे कुछ कोटिपति महान कुछ बच्चे महान थे कुछ वृद्ध महान कुछ शांत महान थे कुछ क्रुद्ध महान कुछ स्वस्थ महान थे कुछ बीमार महान कुछ उच्च कोटि के महान थे कुछ टुच्चे महान कुछ सदाचारी महान थे कुछ लुच्चे महान यहां तक कि यहाँ के गधे भी महान थे और घोड़े भी महान
और अपनी अपनी गली में हर कुत्ता महान था
इस महादेश में
अपनी राह पर कोई नहीं चलता था
सब उस राह पर चलते थे
जिस पर महान लोग चल चुके हों
महाजनो येन गत: स पन्था:!

278

वह मौत की अज़ान थी

बाबर का बेटा और अकबर का पिता हुमायूँ दूसरी बार हिन्दुस्तान फ़तेह करने के बाद विरक्त हो चला था और आए दिन दिल्ली के मक़बरों और क़ब्रों को देखने जाया करता था और देर तक वहां बैठा रहता था

हुमायूँ की मृत्यु के बारे में बयाजीद लिखता है कि हुमायूँ अक्सर इस धोखेबाज़ संसार को त्यागने की बात सोचता रहता था उसने तय किया था कि हिन्दुस्तान विजित करने के बाद वह राज-पाट अकबर को सौंपकर अपना समय दरवेशों तथा फ़क़ीरों की संगत में बिताएगा

हुमायूँ ने अफ़ीम की मिक़दार भी कम कर दी थी एक दिन थोड़ी सी अफ़ीम कागज़ में लपेटकर हुमायूँ ने कहा कि इतनी अफ़ीम से मैं सात दिन काम चलाऊँगा

24 जनवरी 1556 को हुमायूँ ने चार अफ़ीम की गोलियों का गुलाबजल के साथ सेवन किया और दरबार लगाया और इसके बाद किताबखाने की छत पर जाकर लोगों का अभिवादन स्वीकार किया और अपने मंत्रियों से मंत्रणा करता रहा

इसके बाद हुमायूँ किताबखाने की सीढ़ियों से नीचे उतरने लगा जैसे ही उसने दूसरी सीढ़ी पर पांव रखा पास की मस्जिद में अज़ान होने लगी

हुमायूँ का नियम था कि जब भी अज़ान की आवाज़ सुनता था तुरन्त घटनों के बल बैठ जाता था सर्दियों के मौसम के कारण हुमायूँ पोस्तीन नामक लम्बा लबादा पहने हुए था जिससे सीढ़ियों पर बैठते हुए हुमायूँ लड़खड़ाया और उसके पैर पोस्तीन में उलझ गए

हाथ की छड़ी दूर जा गिरी और हुमायूँ सीढ़ियों से लुढ़कता हुआ सर के बल नीचे गिरा जिससे उसकी कनपटी पर घातक चोट लगी और वह बेहोश हो गया

26 जनवरी 1556 रविवार को हुमायूँ की मृत्यु हो गई!

279

विद्रोह लूटपाट और दुश्मनों के ख़ौफ़ से सत्रह दिन तक हुमायूँ की मृत्यु को छिपाया गया

अफ़वाहें फैल रही थीं जिनको निर्मूल साबित करने के लिए पहले घोषणा की गई कि बादशाह हुमायूँ घोड़े पर अपने देश की यात्रा करेंगे इसके बाद कहा गया कि बारिश के कारण यह यात्रा स्थगित कर दी गई फिर एक दिन सार्वजनिक दरबार की ख़बर फैलाई गई जिसे ज्योतिषियों के शुभ-मुहूर्त न बताने की वजह से रद्द कर दिया गया इसके कारण अफ़वाहों को पंख लग गए तब मुल्ला बेकसी को पकड़ा गया जिसकी शक्ल हुमायूँ से मिलती थी

मुल्ला बेकसी को हुमायूँ के वस्त्र पहनाए गए और उसके चेहरे पर नक़ाब लगाकर पूरे तामझाम के साथ वहाँ बिठाया गया जहाँ हुमायूँ बैठता था जमुना की तरफ़ मुँह करके इस नक़ली हुमायूँ ने जनता-जनार्दन को दर्शन दिए और लोगों ने कोर्निश की

अफ़वाहें ख़त्म हुईं और तब तक अकबर कलानूर से आ गया था तत्पश्चात दिल्ली की जुमा मस्जिद में अकबर के उत्तराधिकार का ख़ुत्बा पढ़ा गया और अफ़रातफ़री में बैरम खाँ ने ईंटों का एक चबूतरा बनाकर बग़ैर समारोह के भविष्य के महान सम्राट अकबर का राजतिलक किया

मृत्यु के अठारह दिन बाद हुमायूँ की लाश को दिल्ली में दफ़नाया गया और दिल्ली पर हेमू के क़ब्ज़े के बाद उसे सरहिन्द ले जाकर दफ़नाया गया और पानीपत के दूसरे युद्ध के बाद हुमायूँ का शव फिर दीनपनाह लाया गया और अंत में हुमायूँ की बेग़म बेगा ने हुमायूँ के मक़बरे का निर्माण करवाया जहाँ तैमूर वंश का यह विचित्र बादशाह आज तक चैन से सोया हुआ है!

280

छन्द में बाँधने पर सत्य का गला घुट जाता है और सत्य विकृत हो जाता है
अल-बरूनी अपनी किताब 'तारीख-उल-हिन्द' में लिखता है कि अधिकांश हिन्दू छन्दों के दीवाने होते हैं और हमेशा छन्दों को सुनने पढ़ने को लालायित रहते हैं चाहे वे उन छन्दों का अर्थ न समझते हों श्रोता छन्दों को सुनकर इतने प्रसन्न होते हैं कि तालियां बजाकर अपना हर्ष प्रकट करते हैं
हिन्दू आमतौर पर गद्य रचनाओं को पसन्द नहीं करते यदि किसी हिन्दू की नज़र ऐसी किसी किताब पर पड़ जाए जो उसके यहाँ मौजूद नहीं है तो वह तुरन्त उसको श्लोकों-छन्दों में बाँधना शुरू कर देता है हालाँकि छन्द दुरूह और कृत्रिम होते हैं बस उन्हें कंठस्थ करना आसान होता है
हिन्दुओं के अधिकांश ग्रंथ पद्य में हैं और इन पद्य रचनाओं में अस्पष्ट और बोझिल शब्दावली का प्रयोग किया जाता है जिसका उद्देश्य केवल छन्द-पूर्ति और जोड़तोड़ होता है और उनका कोई स्पष्ट अर्थ नहीं होता
अल-बरूनी ने कहा कि इसीलिए संस्कृत की छन्दोबद्ध रचनाएँ दुरूह होती हैं और उनको समझना इसलिए मुश्किल होता है कि उनके कई अर्थ होते हैं
अल-बरूनी अल-बरूनी
तेरे बिन यह दुनिया सूनी!

281

पहले वे आलथी को मारते हैं
फिर पालथी को
हिन्दू हमेशा आलथी-पालथी मारकर बैठते हैं
अल-बरूनी हिन्दुओं के अनोखे रीति-रिवाजों का ज़िक्र करते हुए लिखता है :
हिन्दू नाख़ून इसलिए बढ़ाते हैं जिससे वे अपना सर खुजाते रहें और बालों में जूं तलाश करते रहें
पान खाने से उनके दाँत लाल रहते हैं
वे ख़ाली पेट मदिरा-पान करते हैं और उसके बाद खाना खाते हैं वे गायों का दूध तो खूब पीते लेकिन उसका मांस नहीं खाते
वे पाजामे की जगह धोती का इस्तेमाल करते हैं
वे जब तक जूता पहनना शुरू नहीं करते उसे सख़्त रखते हैं जूते बछड़े के चमड़े के बनते हैं
पुरुष भी स्त्रियों की तरह अंगराग का प्रयोग करते हैं और कानों में छल्ले बाँहों में कड़े हाथ और पैरों की अँगुलियों में स्वर्ण-मुद्राएँ पहनते हैं
वे जनेऊ पहनते हैं जो बाएँ कन्धे से कमर के दाहिनी तरफ़ जाता है
वे हर काम से पहले स्त्रियों से सलाह लेते हैं
हाथ मिलाते समय वे हाथ की बजाय पहुँचा पकड़ते हैं
थूकते और छिनकते वक़्त वे किसी का ख़याल नहीं रखते वे अधोवायु निकालने को शुभ और छींकने को अशुभ संकेत मानते हैं
वे पुस्तक का शीर्षक उसके आरम्भ में नहीं बल्कि अंत में लिखते हैं
अल-बरूनी अल-बरूनी
कितना होगा पन्द्रह दूनी!

282

मांग के खाइबो मसीत को सोइबो

यह रामचरितमानस के रचयिता तुलसीदास का हाल था और जब काशी के बिरहमनों के गिरोह ने ग़रीब ब्राह्मण तुलसीदास के ख़िलाफ़ मुहिम छेड़ी तो तुलसी भागते फिरते थे और जब अयोध्या में होते थे तो बाबरी मस्जिद में शरण पाते थे और यह भी किंवदन्ती चलती आती है कि तुलसीदास ने रामचरितमानस के कई कांड बाबरी मस्जिद में रचे-लिखे

बाबरी मस्जिद राम जन्मभूमि थी या नहीं इस पर इतिहासकारों में विवाद था लेकिन रामकथा को जन-जन तक पहुँचाने वाले कालजयी-काव्य रामचरितमानस की जन्मभूमि यह ज़रूर थी जिसे बीसवीं सदी के आख़िरी दशक में हमने ढहा दिया

खंडहर हमारे स्मारक थे!

283

यदि तुम परमपद पाना चाहते हो तो बादशाहों से संपर्क मत रखना जो दरवेश सुल्तानों और अमीरों से संपर्क रखता है उसका परलोक बिगड़ जाता है शेख़ निज़ामुद्दीन औलिया ने अपने पीर बाबा फ़रीद की इस नसीहत को हमेशा याद रखा और जब सुल्तान जलालुद्दीन ख़िलज़ी ने औलिया से मिलने की इच्छा जाहिर की तो शेख़ ने फ़रमाया कि मेरी ख़ानक़ाह के दो दरवाज़े हैं सुल्तान एक से प्रवेश करेगा तो मैं दूसरे से निकल जाऊंगा और एक दिन सुल्तान ने बिना बताए ख़ानक़ाह में जाना चाहा तो अमीर ख़ुसरो के इशारे पर शेख़ अपने पीर की ज़ियारत के लिए अजोधन रवाना हो गए और जब सुल्तान ने अमीर ख़ुसरो से इसका राज़ जानना चाहा तो ख़ुसरो ने सुल्तान से कहा कि आपके ख़ौफ़ से शेख़ को सिर्फ़ जान का डर था लेकिन अल्लाह के ख़ौफ़ से ईमान का ख़तरा था

अमीर ख़ुसरो सुल्तानों और औलिया के बीच बने हुए एक पुल का नाम था जिसके नीचे से जमुना नदी प्रवाहित होती रहती थी!

❂❂❂